العَوْدَةُ إلى المَدْرَسَةِ

رائِد بدِر

BACK TO SCHOOL

MODERN STANDARD ARABIC READER – BOOK 19

BY RAED BADER

lingualism

ISBN: 978-1-949650-77-8

Written by Raed Bader

Edited by Ahmed Younis and Matthew Aldrich

Arabic translation* by Ahmed Younis

Cover art by Duc-Minh Vu

Audio by Eyad ElSaqqa

** from the original Levantine Arabic to Modern Standard Arabic*

website: www.lingualism.com

email: contact@lingualism.com

INTRODUCTION

The **Modern Standard Arabic Readers** series aims to provide learners with much-needed exposure to authentic language. The books in the series are at a similar level (B1-B2) and can be read in any order. The stories are a fun and flexible tool for building vocabulary, improving language skills, and developing overall fluency.

The main text is presented on even-numbered pages with tashkeel (diacritics) to aid in reading, while parallel English translations on odd-numbered pages are there to help you better understand new words and idioms. A second version of the text is given at the back of the book, without the distraction of tashkeel and translations, for those who are up to the challenge.

New to this edition: the English translations have been revised for improved clarity and accuracy. Each story now also includes **20 comprehension questions** with example answers to help reinforce your understanding of the text. A **sequencing exercise** is provided as well, where you'll put ten key events from the story back in their correct order. These additions make the book even more useful for self-study, classroom use, or group discussions.

Visit www.lingualism.com/audio, to stream or download the free accompanying audio.

This book is also available in Levantine Arabic at www.lingualism.com/lar.

العَوْدَةُ إلى المَدْرَسَةِ

أَنا فارِسُ عُمَرُ. عُمْري 38 سَنَةً. تَخَرَّجْتُ في كُلّيَّةِ الهَنْدَسَةِ في الجامِعَةِ الأُرْدُنّيَّةِ، وَأَعْمَلُ مُهَنْدِسَ طُرُقٍ في وِزارَةِ الأَشْغالِ العامَّةِ في عَمّانَ.

أَنا مُتَزَوِّجٌ وَعِنْدي سَمَرُ؛ اِبْنَةٌ جَميلَةٌ. قابَلْتُ زَوْجَتي حَنانَ في الجامِعَةِ. كانَتْ تَدْرُسُ المُحاسَبَةَ في كُلّيَّةِ التِّجارَةِ. تَعْمَلُ حَنانُ الآنَ مُراقَبَةً مالِيَّةً في البَنْكِ الأَهْلِيِّ.

حَياتي روتينيَّةٌ: العَمَلُ، الصّالَةُ الرِّياضِيَّةُ، المَنْزِلُ. وَفي عُطْلَةِ نِهايَةِ الأُسْبوعِ، أَخْرُجُ مَعَ زَوْجَتي وَابْنَتي لِنَزورَ أَقارِبِنا وَنَشْتَري أَشْياءَ لِلْبَيْتِ.

وَفي العُطْلَةِ الصَّيْفِيَّةِ، نُسافِرُ لِلْخارِجِ لِمُدَّةِ أُسْبوعٍ أَوْ أُسْبوعَيْنِ. أَنا وَحَنانُ وَسَمَرُ نَنْتَظِرُ هَذِهِ الرِّحْلَةَ طَوالَ السَّنَةِ عَلى أَحَرِ مِنَ الجَمْرِ.

تُحِبُّ سَمَرُ البَحْرَ كَثيرًا. تَلْعَبُ في الرِّمالِ، وَتَبْني القُصورَ والقِلاعَ. أَنا مُتَأَكِّدٌ أَنَّها سَتَغْدو مُهَنْدِسَةً أَفْضَلَ مِنّي!

I am Faris Omar. I am 38 years old. I graduated from the Faculty of Engineering at the University of Jordan, and I work as a road engineer at the Ministry of Public Works in Amman.

I am married and have a beautiful daughter, Samar. I met my wife, Hanan, at university. She was studying accounting at the Faculty of Commerce. Hanan now works as a financial auditor at the National Bank.

My life is routine: work, the gym, home. On weekends, I go out with my wife and daughter to visit relatives and buy things for the house.

During the summer vacation, we travel abroad for a week or two. Hanan, Samar, and I eagerly look forward to this trip all year long.

Samar loves the sea very much. She plays in the sand and builds castles and fortresses. I am sure she will become a better engineer than me!

نَأْخُذُ أَنَا وَحَنَانُ حَمَّامَ شَمْسٍ وَنَقْرَأُ الْكُتُبَ الَّتِي لَمْ يَكُنْ لَدَيْنَا وَقْتٌ لِقِرَاءَتِها وَنَحْنُ فِي عَمَّانَ. لَكِنَّ هَذَا الصَّيْفَ كَانَ مُخْتَلِفًا عَنْ أَيِّ صَيْفٍ آخَرَ.

❖ ❖ ❖

قَبْلَ الْعُطْلَةِ الصَّيْفِيَّةِ بِأُسْبُوعٍ، اسْتَيْقَظْتُ فِي الصَّبَاحِ عَلَى صَوْتِ زَوْجَتِي وَهِيَ توقِظُنِي.

"صَبَاحُ الخَيْرِ حَبِيبِي! هَيَّا انْهَضْ وَاسْتَحِمْ لِتَتَنَاوَلَ الفَطورَ."

"كَمِ السَّاعَةُ يا حَبِيبَتِي؟ الْمُنَبِّهُ لَمْ يَرِنَّ بَعْدُ."

"إِنَّهَا السَّاعَةُ 6:30. أَلَمْ نَتَّفِقْ هَذَا الأُسْبُوعَ عَلَى أَنْ توصِلَ سَمَرَ إِلَى الْمَدْرَسَةِ؟ لِأَنَّنِي أُعْطِي مَهَامِي إِلَى زَمِيلَتِي الَّتِي سَتَحُلُّ مَكَانِي أَثْنَاءَ سَفَرِنا."

"حَسَنًا، حَسَنًا حَبِيبَتِي. سَأَنْهَضُ."

"سَأُلْبِسُ سَمَرَ مَلَابِسَها وَأُعِدُّ الفَطورَ. سِنْنْتَظِرُكَ عَلَى مائِدَةِ الطَّعامِ."

"حَسَنًا. سَأَكُونُ جَاهِزًا خِلَالَ رُبْعِ سَاعَةٍ."

Hanan and I sunbathe and read books we didn't have time to read while in Amman. But this summer was different from any other summer.

❖ ❖ ❖

A week before the summer vacation, I woke up in the morning to the sound of my wife waking me up.

"Good morning, my love! Come on, get up and take a shower so you can have breakfast."

"What time is it, my love? The alarm hasn't rung yet."

"It's 6:30. Didn't we agree this week that you would take Samar to school? Because I'm handing over my tasks to my colleague, who will be covering for me while we're traveling."

"Alright, alright, my love. I'll get up."

"I'll help Samar get dressed and prepare breakfast. We'll be waiting for you at the dining table."

"Okay. I'll be ready in fifteen minutes."

لَقَدْ نَسيتُ ضَبْطَ المُنَبِّهِ قَبْلَ نِصْفِ ساعَةٍ مِنَ المَوْعِدِ. عَجَبًا، يا لِلْفِرَقِ الَّذي تُحْدِثُهُ هَذِهِ النِّصْفُ ساعَةٍ. ما زِلْتُ نَعْسانًا، لَكِنَّني اسْتَحْمَمْتُ وَاسْتَفَقْتُ وَنَزَلْتُ لِتَناوُلِ الإِفْطارِ مَعَهُمْ.

"صَباحُ الخَيْرِ يا أَجْمَلَ بِنْتٍ في العالَمِ."

رَدَّتْ سَمَرُ: "صَباحُ الخَيْرِ أَبي."

قالَتْ لي حَنانُ: "أَلَنْ تَقُلْ لي صَباحُ الخَيْرِ يا أَجْمَلَ زَوْجَةٍ في العالَمِ؟"

قَبَّلْتُ خَدَّها وَقُلْتُ: "أَنْتِ أَجْمَلُ زَوْجَةٍ في الكَوْنِ كُلِّهِ."

سَأَلَتْني حَنانُ: "فارِسُ، مَنْ سَيَتَسَلَّمُ مِنْكَ إِدارَةَ مَشْروعِ الطَّريقِ السَّريعِ الجَديدِ؟"

أَجَبْتُها: "لا أَحَدَ. خِلالَ إِجازَتِنا سَتَكونُ هُناكَ أَعْمالُ هَدْمٍ لِمَبْنى. سَأَزورُ المَبْنى اليَوْمَ، وَبَعْدَها سَأَزورُ والِدِيَّ لِأَنَّ المَوْقِعَ قَريبٌ مِنْ مَنْزِلِ عائِلَتي."

قاطَعَتْنا سَمَرُ قائِلَةً: "أَبي، عِنْدي اخْتِبارُ لُغَةٍ عَرَبيَّةٍ اليَوْمَ."

"وَهَلْ دَرَسْتِ جَيِّدًا؟"

[3:02]

I had forgotten to set the alarm thirty minutes earlier. Amazing, what a difference that half hour makes! I was still sleepy, but I took a shower, woke up properly, and went downstairs to have breakfast with them.

"Good morning, my beautiful girl."

Samar replied, "Good morning, Daddy."

Hanan said to me, "Aren't you going to say good morning to the most beautiful wife in the world?"

I kissed her cheek and said, "You are the most beautiful wife in the entire universe."

Hanan asked me, "Faris, who will be managing the new highway project in your place?"

I answered, "No one. During our vacation, there will be demolition work on a building. I'll visit the site today, and afterward, I'll visit my parents since the site is near my family's home."

Samar interrupted us, saying, "Daddy, I have an Arabic language test today."

"And did you study well?"

"نَعَمْ، وَساعَدَتْني أُمّي في مُراجَعَةِ البُيوتِ الشِّعْرِيَّةِ المَطْلوبَةِ مِنّا."

"هَيّا أَسْمِعيني، أَنا أُحِبُّ الشِّعْرَ."

سَأَلَتْ حَنانُ: فارِسُ، هَلْ تُريدُ القَهْوَةُ؟

"نَعَمْ حَبيبَتي مِنْ فَضْلِكِ. اِقْرَئي الشِّعْرَ يا سَمَرُ."

وَقَفَتْ سَمَرُ، وَحَرَّكَتْ يَدَها بِشَغَفٍ وَقالَتْ: "قُمْ لِلْمُعَلِّمِ وَفِّهِ التَّبْجيلا، كادَ المُعَلِّمُ أَنْ يَكونَ رَسولًا."

"يا إِلهي، لَقَدْ ذَكَّرْتِني بِأَيّامِ المَدْرَسَةِ، وَهَلْ تَعْرِفينَ قَصْدَ الشّاعِرِ؟"

"أُمّي أَخْبَرَتْني أَنَّ قَصْدَ الشّاعِرِ هُوَ أَنَّهُ يَجِبُ أَنْ نَحْتَرِمَ المُعَلِّمَ لِأَنَّهُ يُؤَدّي رِسالَةً وَيُخَرِّجُ الأَجْيالَ."

"صَحيحٌ يا ابْنَتي. أَنا مُتَأَكِّدٌ أَنَّكِ سَتَحْصُلينَ عَلى دَرَجَةٍ كامِلَةٍ اليَوْمَ في الامْتِحانِ. هَلْ أَنْتِ مُتَحَمِّسَةٌ لِلْعُطْلَةِ؟"

"أَجَلْ، كَثيرًا."

قالَتْ حَنانُ: "هَيّا أَكْمِلا فَطورَكُما حَتّى تَصِلا في المَوْعِدِ."

[4:35]

"Yes, and Mommy helped me review the required poetry verses."

"Come on, let me hear them. I love poetry."

Hanan asked, "Faris, would you like some coffee?"

"Yes, my love, please. Read the poem, Samar."

Samar stood up, moved her hand passionately, and recited: "Stand up for the teacher and show him due reverence, A teacher is nearly a messenger."

"Oh my God, you've reminded me of my school days. And do you know what the poet meant?"

"Mom told me that the poet meant we must respect teachers because they fulfill a great mission and educate generations."

"That's right, my daughter. I'm sure you'll get a perfect score on today's test. Are you excited for the vacation?"

"Yes, very much!"

Hanan said, "Come on, finish your breakfast so you can be on time."

"حَسَنًا. سَمَرُ، أَحْضِري حَقيبَتَكِ. سَأَنْتَظِرُكِ بِالخارِجِ في السَّيّارَةِ."

❖ ❖ ❖

رَكِبْتُ السَّيّارَةَ وَشَغَّلْتُها، وَبَعْدَ دَقيقَتَيْنِ، أَتَتْ سَمَرُ وَجَلَسَتْ في المَقْعَدِ الخَلْفِيِّ، وَوَضَعَتْ حِزامَ الأَمانِ وَقالَتْ لي: "أَنا جاهِزَةٌ يا أَبي."

قُدْتُ سَيّارَتي نَحْوَ مَدْرَسَةِ سَمَرَ. مَدْرَسَةُ سَمَرَ هِيَ مَدْرَسَةُ لُغاتٍ خاصَّةٍ.

أَنا دَرَسْتُ في مَدْرَسَةٍ حُكومِيَّةٍ قَريبَةٍ مِنْ مَنْزِلِ والِدي، وَكُنْتُ أَذْهَبُ مَشْيًا لِأَنَّهُ لَمْ يَكُنْ لَدَيْنا سَيّارَةٌ. نِصْفُ ساعَةٍ ذَهابًا وَنِصْفُ ساعَةٍ إِيابًا. في الجَوِّ الحارِّ أَوِ البارِدِ أَوِ المُمْطِرِ- لا يُهِمُّ. كُنْتُ أَذْهَبُ كُلَّ يَوْمٍ، وَكُنْتُ مِنَ المُتَفَوِّقينَ. تَذَكَّرْتُ كَمْ كُنْتُ أُحِبُّ المَدْرَسَةَ. كُنْتُ أَنامُ مُبَكِّرًا لِيَمُرَّ الوَقْتُ سَريعًا وَأَسْتَيْقِظَ لِلذَّهابِ إِلى المَدْرَسَةِ في اليَوْمِ التّالي.

كانَ لَدَيَّ الكَثيرُ مِنَ الأَصْدِقاءِ، لَكِنَّ أَكْثَرَ شَخْصٍ كُنْتُ أُحِبُّهُ هِيَ مُعَلِّمَةُ التّاريخِ، الآنِسَةُ وَفاءُ. لا زِلْتُ أَذْكُرُ كَمْ كانَتْ حَنونَةً وَصَبورَةً. كانَتْ هِيَ مِنْ تُنَظِّمُ رِحْلاتِ المَدْرَسَةِ إِلى

[6:05]

"Alright. Samar, grab your bag. I'll be waiting for you outside in the car."

❖   ❖   ❖

I got into the car and started it, and after two minutes, Samar came and sat in the back seat, fastened her seatbelt, and said, "I'm ready, Daddy."

I drove toward Samar's school. Her school is a private language school.

I studied at a public school near my parents' home, and I used to walk there because we didn't have a car. Thirty minutes there, thirty minutes back—whether it was hot, cold, or rainy—it didn't matter. I went every day and was among the top students. I remembered how much I loved school. I used to go to bed early just to make the time pass quickly so I could wake up and go to school the next day.

I had many friends, but the person I loved the most was my history teacher, Miss Wafaa. I still remember how kind and patient she was. She was the one who organized school trips to historical sites.

الأَماكِنِ الأَثَرِيَّةِ، وَعِنْدَما تُوُفِّيَتْ أُمّي، اِهْتَمَّتْ بي كَثيرًا، وَوَقَفَتْ بِجانِبي، وَجَعَلَتْني أُحافِظُ عَلى تَفَوُّقي الدِّراسيِّ. لِماذا لَمْ أَسْأَلْ عَنْها كُلَّ هَذِهِ المُدَّةِ؟ يا تُرى كَيْفَ حالُها.

"أَبي، الإِشارَةُ خَضْراءُ."

"أَجَلْ، لا عَلَيْكِ حَبيبَتي. كُنْتُ شارِدَ الذِّهْنِ، وَأَتَذَكَّرُ أَيّامَ المَدْرَسَةِ."

"أَبي، هَلْ كُنْتَ مُتَفَوِّقًا في المَدْرَسَةِ؟"

"أَجَلْ يا حَبيبَتي. كُنْتُ الأَفْضَلَ في صَفّي. وَإِلّا فَكَيْفَ أَصْبَحَ والِدُكِ مُهَنْدِسًا يا سَمَرُ؟ لِأَنَّهُ كانَ مُتَفَوِّقًا في المَدْرَسَةِ."

"أَبي، لَقَدْ وَصَلْنا. تَوَقَّفْ عِنْدَ البَوّابَةِ الكَبيرَةِ مِنْ فَضْلِكَ."

"حَسَنًا، اِنْتَبِهي إِلى خُطواتِكِ."

"مَعَ السَّلامَةِ!"

"مَعَ السَّلامَةِ حَبيبَتي."

[7:49]

And when my mother passed away, she took great care of me, stood by my side, and helped me maintain my academic excellence. Why haven't I asked about her all this time? I wonder how she's doing now.

"Daddy, the light is green."

"Yes, don't worry, sweetheart. I was just lost in thought, remembering my school days."

"Daddy, were you a top student in school?"

"Yes, sweetheart. I was the best in my class. Otherwise, how would your father have become an engineer, Samar? Because he was an outstanding student in school."

"Daddy, we've arrived. Please stop by the big gate."

"Alright, watch your step."

"Goodbye!"

"Goodbye, my dear."

⬧ ⬧ ⬧

اِتَّجَهْتُ إِلَى مَكْتَبِي فِي الوِزَارَةِ لِآخُذَ أَوْرَاقَ المَبْنَى الَّذِي سَتَتِمُّ إِزَالَتُهُ. وَصَلْتُ إِلَى مَكْتَبِي وَطَلَبْتُ مِنَ السِّكْرِتِيرِ فِنْجَانَ قَهْوَةٍ سادَةٍ بِدُونِ هالٍ. أُحِبُّ القَهْوَةَ بِدُونِ سُكَّرٍ أَوْ هالٍ. أُحِبُّ تَذَوُّقَ طَعْمِ القَهْوَةِ دُونَ إِضافاتٍ.

"صَباحُ الخَيْرِ أَيُّها المُهَنْدِسُ فارِسٌ. تَفَضَّلْ قَهْوَتَكَ."

"صَباحُ الخَيْرِ، شُكْرًا."

"أَنْتَ لا تَشْرَبُ قَهْوَتَكَ الصَّباحِيَّةَ عادَةً فِي المَكْتَبِ."

"اليَوْمَ اسْتَيْقَظْتُ أَبْكَرَ مِنَ المُعْتادِ. أُرِيدُ أَنْ أَسْتَفِيقَ."

"هَلْ أُحْضِرُ لَكَ الأَوْراقَ لِتُلْقِيَ نَظْرَةً عَلَيْها قَبْلَ أَنْ نَذْهَبَ إِلَى المَوْقِعِ؟"

"لا، أَحْضِرْ مَعَكَ العُنْوانَ والتَصارِيحَ. سَأُلْقِي نَظْرَةً عَلَيْها فِي طَرِيقِنا."

[9:00]

❖　❖　❖

I headed to my office at the ministry to pick up the documents for the building that was set to be demolished. I arrived at my office and asked the secretary for a cup of plain coffee, without cardamom. I like my coffee without sugar or cardamom. I enjoy tasting the pure flavor of coffee without any additions.

"Good morning, Engineer Faris. Here's your coffee."

"Good morning, thank you."

"You don't usually have your morning coffee in the office."

"I woke up earlier than usual today. I need to wake myself up."

"Shall I bring you the papers so you can review them before we head to the site?"

"No, just bring the address and permits. I'll review them on the way."

غادَرَ السِّكْرِتِيرُ وَعادَ وَمَعَهُ وَرَقَةٌ، وَقالَ لِي: "أَيُّها المُهَنْدِسُ فارِسُ، هَلْ يُمْكِنُكَ التَّوْقِيعُ عَلَى إِجازَتِي؟ لَقَدْ تَقَدَّمْتُ بِطَلَبٍ لِلْحُصُولِ عَلَى إِجازَةٍ فِي نَفْسِ وَقْتِ إِجازَتِكَ لِأَنَّكَ سَتُسافِرُ، وَتَمَّ تَعْلِيقُ العَمَلِ عَلَى الطَّرِيقِ السَّرِيعِ حَتَّى تَتِمَّ إِزالَةُ المَبانِي، وَسَنَعُودُ إِلَى العَمَلِ فِي نَفْسِ الوَقْتِ."

"جَيِّدٌ جِدًّا. أَتَعْلَمُ، أَنا أَضِيعُ بِدُونِكَ، وَعِنْدَما نَعُودُ مِنَ الإِجازَةِ سَيَكُونُ هُنالِكَ الكَثِيرُ مِنَ العَمَلِ. ها هُوَ أَفْضَلُ تَوْقِيعٍ لِأَفْضَلِ سِكْرِتِيرٍ فِي الوِزارَةِ."

"هَذا لُطْفٌ مِنْكَ. شُكْرًا لَكَ. سَنَكُونُ مُسْتَعِدِّيْنِ لِلِانْطِلاقِ خِلالَ خَمْسِ دَقائِقَ."

قَبْلَ أَنْ يَخْرُجَ السِّكْرِتِيرُ مِنَ المَكْتَبِ، قُلْتُ لَهُ: "سَآخُذُ سَيّارَتِي، وَأَنْتَ ارْكَبْ مَعِي، وَاجْعَلْ سَيّارَةَ الوِزارَةِ تَتْبَعُنا، لِكَيْ أُعْطِيَكَ الأَوْراقَ مُوَقَّعَةً، لِأَنَّنِي بَعْدَ الزِّيارَةِ سَأَمُرُّ عَلَى بَيْتِ والِدِي لِلِاطْمِئْنانِ عَلَيْهِ."

أَجابَنِي وَهُوَ يُغْلِقُ البابَ خَلْفَهُ: "حَسَنًا، سَيّارَةُ الوِزارَةِ جاهِزَةٌ."

[10:09]

The secretary left and returned with a paper, saying, "Engineer Faris, could you sign my leave request? I applied for leave at the same time as yours since you'll be traveling, and work on the highway has been suspended until the buildings are demolished. We'll resume work at the same time."

"Very good. You know, I'm lost without you, and when we return from vacation, there will be a lot of work. Here's the best signature for the best secretary in the ministry."

"That's very kind of you. Thank you. We'll be ready to leave in five minutes."

Before the secretary left the office, I told him, "I'll take my car, and you can ride with me. Have the ministry car follow us so I can hand you the signed papers, as I'll be stopping by my parents' house after the visit to check on them."

He answered as he closed the door behind him, "Alright, the ministry car is ready."

شَرِبْتُ قَهْوَتِي وَأَخَذْتُ حَقِيبَتِي وَنَزَلْتُ لِأَجِدَ السِّكْرِتِيرَ يَنْتَظِرُ بِجَانِبِ السَّيَّارَةِ. سَأَلْتُهُ: "هَلْ تَعْرِفُ عُنْوَانَ المَبْنَى؟"

"نَعَمْ، أَعْرِفُهُ."

"حَسَنًا، خُذِ المَفَاتِيحَ. قُدْ أَنْتَ."

❖ ❖ ❖

اِنْطَلَقْنَا مِنَ الوِزَارَةِ فِي اتِّجَاهِ المَبْنَى، وَفِي الطَّرِيقِ فَتَحْتُ المِلَفَّ، وَكَانَتْ مُفَاجَأَةً كَبِيرَةً عِنْدَمَا رَأَيْتُ اسْمَ مَدْرَسَتِي الِابْتِدَائِيَّةِ. إِنَّهُ المَبْنَى الَّذِي وَقَعَ قَرَارُ الإِزَالَةِ عَلَيْهِ، مَدْرَسَةُ مُصْطَفَى التَّلِّ الِابْتِدَائِيَّةِ! كَيْفَ لَمْ أُلَاحِظْ هَذَا مِنَ البِدَايَةِ؟ لَا أَعْرِفُ لِمَاذَا أُصِبْتُ بِالِارْتِبَاكِ وَشَعَرْتُ بِشُعُورٍ غَرِيبٍ وَاقْشَعَرَّ بَدَنِي.

كَانَ عُمُرِي 12 عَامًا فِي آخِرِ مَرَّةٍ كُنْتُ فِيهَا فِي مَدْرَسَتِي، وَبَدَلًا مِنَ العَوْدَةِ لِزِيَارَةِ المُدَرِّسِينَ وَالسُّؤَالِ عَنْ أَحْوَالِهِمْ، أَنَا ذَاهِبٌ لِأُحَدِّدَ مَعَهُمْ مَوْعِدَ الهَدْمِ. الأَمْرُ مُحْرِجٌ لِلْغَايَةِ، لَكِنَّ المَدْرَسَةَ قَدِيمَةٌ، وَمِنَ الجَيِّدِ نَقْلُهَا إِلَى مَبْنًى جَدِيدٍ.

[11:47]

I drank my coffee, took my bag, and went downstairs to find the secretary waiting by the car. I asked him, "Do you know the building's address?"

"Yes, I know it."

"Alright, take the keys. You drive."

❖   ❖   ❖

We set off from the ministry toward the building. On the way, I opened the file, and I was in for a big surprise when I saw the name of my elementary school. It was the building scheduled for demolition—Mustafa Al-Tal Elementary School! How did I not notice this from the beginning? I didn't know why, but I felt uneasy, a strange sensation washed over me, and I got goosebumps.

I was 12 years old the last time I was at my school. Instead of returning to visit my teachers and check on them, I was now going to set a demolition date with them. It was extremely awkward, but the school was old, and moving it to a new building was a good

كانَتْ قَديمَةً عِنْدَما كُنْتَ طالِبًا فيها. فَما بالُكُمُ الآنَ بَعْدَ أَكْثَرِ مِنْ 25 عامًا؟ طَوالَ الطَّريقِ، كُنْتُ أُحاوِلُ إِقْناعَ نَفْسي أَنَّ هَدْمَ مَبْنى المَدْرَسَةِ كانَ مُبَرَّرًا وَخُطْوَةً إيجابِيَّةً... حَتّى وَصَلْنا إِلى بَوّابَةِ المَدْرَسَةِ.

نَزَلْتُ مِنَ السَّيّارَةِ عِنْدَ البَوّابَةِ الحَديدِيَّةِ السَّوْداءِ لِلْمَدْرَسَةِ. أَنا مُتَأَكِّدٌ مِنْ أَنَّها نَفْسُ البَوّابَةِ لَكِنْ يَبْدو أَنَّهُ تَمَّ طِلاؤُها مُؤَخَّرًا، وَأَشْعُرُ أَنَّها أَصْبَحَتْ أَصْغَرَ... أَوْ لَرُبَّما أَنَّني كَبُرْتُ؟ وَسورُ المَدْرَسَةِ عَلى حالِهِ، لَمْ يَتَغَيَّرْ، حَجَرٌ قَديمٌ. فَتَحَ حارِسِ المَدْرَسَةِ البَوّابَةَ وَدَخَلْتُ. أَتَذَكَّرُ أَنَّ المَسافَةَ بَيْنَ البَوّابَةِ وَالمَبْنى الرَّئيسيِّ كانَتْ طَويلَةً. الآنَ المَسافَةُ أَقْصَرُ... أَمْ أَنا أَصْبَحْتُ أَطْوَلَ؟

مَشَيْتُ إِلى بابِ المَدْرَسَةِ الرَّئيسيِّ، يوجَدُ شارِعٌ صَغيرٌ مَرْصوفٌ بِالحِجارَةِ وَمَصْفوفٌ بِأَشْجارٍ كَثيرَةٍ مِثْلَ أَشْجارِ الزَّيْتونِ وَاللَّيْمونِ وَالتّينِ وَالتُّفّاحِ. ذَكَّرَتْني رائِحَةُ الأَشْجارِ وَصَوْتُ العَصافيرِ بِوَقْتٍ كُنّا نَزْرَعُ أَشْجارَ الزَّيْتونِ في حَديقَةِ المَدْرَسَةِ. يا تُرى أَيُّ شَجَرَةٍ الَّتي زَرَعْتُها قَبْلَ 25 عامًا؟ هَلْ ما زالَتْ حَيَّةً؟

[13:18]

decision. It was already old when I was a student there—so imagine how it is now after more than 25 years. The whole way there, I tried to convince myself that demolishing the school building was justified and a positive step... until we arrived at the school gate.

I got out of the car at the school's black iron gate. I was sure it was the same gate, though it seemed to have been recently repainted. It also looked smaller... or maybe I had grown? The school's outer wall was the same, still made of old stone. The school guard opened the gate, and I walked in. I remembered the distance between the gate and the main building being long. Now, it seemed shorter... or had I just gotten taller?

I walked toward the main school building. There was a small stone-paved path lined with many trees—olive, lemon, fig, and apple trees. The scent of the trees and the sound of birds reminded me of the time we planted olive trees in the school garden. I wondered, which tree was the one I planted 25 years ago? Was it still alive?

وَصَلْتُ إِلَى المَبْنَى، وَاسْتَقْبَلَني أَحَدُ المُعَلِّمِينَ. بَدَا أَصْغَرَ مِنِّي. كُلُّ المُعَلِّمِينَ تَغَيَّروا، لَكِنَّ المَدْرَسَةَ كَانَتْ كَمَا هِيَ. لَمْ يَتَغَيَّرْ شَيْءٌ فِيها.

سَأَلْتُ المُعَلِّمَ: "مَرْحَبًا! هَلْ يُمْكِنُني مُقَابَلَةُ مُدِيرِ المَدْرَسَةِ؟"

رَدَّ عَلَيَّ المُعَلِّمُ: "تَقْصِدُ مُدِيرَةَ المَدْرَسَةِ. بِالتَّأْكِيدِ، هِيَ فِي انْتِظَارِكَ. تَفَضَّلْ."

دَخَلْتُ مَكْتَبَ الإدارَةِ لِأَجِدَ سَيِّدَةً أَنِيقَةً فِي الخَمْسِينِيَّاتِ مِنْ عُمْرِها جالِسَةً خَلْفَ مَكْتَبٍ مِنْ خَشَبِ البَلُّوطِ، وَخَلْفَها لَوْحَةٌ زَيْتِيَّةٌ عَلى الحائِطِ، وَتَتَدَلّى مِنَ السَّقْفِ ثُرَيًّا نُحاسِيَّةٌ حَمْراءُ. كَانَ مَكْتَبُها لَوْحَةً فَنِّيَّةً مِنْ زَمَنٍ آخَرَ، بِكُلِّ تَفاصِيلِها. الكَراسِيُّ الخَشَبِيَّةُ وَالمَزْهَرِيّاتُ وَالسَّجّادُ وَحَتّى النَّوافِذُ وَالأَبْوابُ. إِنَّهُ لَأَمْرٌ رائِعٌ أَنَّهُمْ يُحافِظُونَ عَلى روحِ المَكانِ طَوالَ هَذِهِ السَّنَواتِ.

"صَباحُ الخَيْرِ. آسِفٌ، لَقَدْ تَأَثَّرْتُ بِجَمالِ مَكْتَبِكِ."

أَجابَتِ المُديرَةُ: "صَباحُ الخَيْرِ، هَذا لُطْفٌ مِنْكَ."

[15:11]

❖   ❖   ❖

I reached the building and was greeted by one of the teachers. He looked younger than me. All the teachers had changed, but the school was just the same. Nothing had changed at all.

I asked the teacher, "Hello! May I meet with the school principal?"

The teacher replied, "You mean the school principal madam. Of course, she is expecting you. Please, go ahead."

I entered the administration office to find a well-dressed woman in her fifties sitting behind an oakwood desk. Behind her, there was an oil painting on the wall, and a red brass chandelier hung from the ceiling. Her office was a work of art from another era, with all its details—the wooden chairs, vases, carpets, and even the windows and doors. It was wonderful that they had preserved the spirit of the place all these years.

"Good morning. Sorry, I was just admiring the beauty of your office."

The principal replied, "Good morning, that's very kind of you."

"اِسْمَحي لي أَنْ أُعَرِّفَكِ بِنَفْسي. أَنا المُهَنْدِسُ فارِسُ عُمَرُ مِنْ وِزارَةِ الأَشْغالِ العامَّةِ."

"تَشَرَّفْتُ بِلِقائِكَ. ماذا تَوَدُّ أَنْ تَشْرَبَ يا مُهَنْدِسُ فارِسُ؟"

"شايٌ بِدونِ سُكَّرٍ مِنْ فَضْلِكِ."

طَرَحَتِ المُديرَةُ الأَمْرَ عَلى الفَوْرِ وَبِدونِ مُقَدِّماتٍ. "أَنْتَ جِئْتَ لِتُنَسِّقَ مَعي مَوْعِدِ الإِخْلاءِ لِلْهَدْمِ، صَحيحٌ؟"

أَجَبْتُها بِخَجَلٍ: "لَمْ أَرْغَبْ في أَنْ تَكونَ زِيارَتي لِلْمَدْرَسَةِ بَعْدَ أَكْثَرِ مِنْ 25 عامًا مِنْ أَجْلِ هَذا الأَمْرِ."

"هَلْ كُنْتَ طالِبًا في هَذِهِ المَدْرَسَةِ؟"

لَمْ أَتَفاجَأْ أَنَّها لَمْ تَتَعَرَّفْ عَلَيَّ. عَرَّفْتُها بِنَفْسي: "كُنْتُ أَحَدَ تَلامِذَتِكَ يا آنِسَةُ وَفاءُ. أَنا فارِسُ عُمَرَ. لَطالَما كُنْتِ تُناديني بِأَبي الفَوارِسِ."

"فارِسُ عُمَرُ! غَيْرُ مَعْقولٍ كَيْفَ كَبُرْتَ وَتَغَيَّرْتَ! لَمْ أَعْرِفْكَ."

نَهَضَتِ الآنِسَةُ وَفاءُ مِنْ كُرْسِيِّها وَعانَقَتْني. شَعَرْتُ بِحَنانِها كَما لَوْ أَنَّني عُدْتُ إِلى كَوْني واحِدًا مِنْ طُلّابِها.

جَلَسَتِ الآنِسَةُ وَفاءُ عَلى الكُرْسِيِّ بِجِواري وَقالَتْ: "أَخْبِرْني عَنْكَ. هَلْ أَنْتَ مُتَزَوِّجٌ؟ هَلْ لَدَيْكَ أَطْفالٌ؟"

[16:49]

"Allow me to introduce myself. I am Engineer Faris Omar from the Ministry of Public Works."

"Pleasure to meet you. What would you like to drink, Engineer Faris?"

"Tea without sugar, please."

The principal got straight to the point without introductions. "You've come to coordinate with me on the evacuation date for the demolition, correct?"

I answered with embarrassment, "I didn't want my first visit to this school after more than 25 years to be for this reason."

"Were you a student at this school?"

I wasn't surprised that she didn't recognize me. I introduced myself, "I was one of your students, Miss Wafaa. I am Faris Omar. You always used to call me 'Abu Al-Fawaris' (Father of the Knights)."

"Faris Omar! I can't believe it. How much you've grown and changed! I didn't recognize you."

Miss Wafaa stood up from her chair and hugged me. I felt her warmth as if I had become one of her students again.

She sat back down next to me and said, "Tell me about yourself. Are you married? Do you have children?"

"الحَمْدُ لِلهِ، أَنا مُتَزَوِّجٌ وَعِنْدي سَمَرُ، عُمُرُها 11 سَنَةً."

"حَفِظَهُما اللّهُ لَكَ. وَكَيْفَ حالُ والِدِكَ؟"

"أَبي بِصِحَّةٍ جَيِّدَةٍ. لا يَزالُ يَعيشُ في المَنْزِلِ القَديمِ بِجِوارِ المَدْرَسَةِ وَيَرْفُضُ الخُروجَ مِنْهُ. تَقاعَدَ مِنْ وِزارَةِ السِّياحَةِ وَالآثارِ، لَكِنَّهُ سَعيدٌ وَلا يَزالُ يُحافِظُ عَلى صِحَّتِهِ وَأَناقَتِهِ."

"تَوَلّى والِدَكِ المَسْؤوليَّةَ عَنْكَ وَعَنْ أُسْرَتِكَ بَعْدَ وَفاةِ والِدَتِكَ. إِنَّهُ رَجُلٌ مُحْتَرَمٌ."

"هَذا لُطْفٌ مِنْكِ. جِئْتُ اليَوْمَ لِكَيْ..."

وَقَبْلَ أَنْ أَنْتَهيَ، قاطَعَتْني الآنِسَةُ وَفاءُ وَقالَتْ لي بِابْتِسامَةٍ: "قُمْ، تَعالَ لِآخُذَكَ في جَوْلَةٍ في مَدْرَسَتِكَ. أَلَمْ تَشْتَقْ لَها؟"

خَرَجْنا مِنَ المَكْتَبِ وَبَدَأْنا الجَوْلَةَ بِحَديقَةِ المَدْرَسَةِ. الأَرْضُ عُشْبٌ، وَبَدا أَنَّهُ مَقْطوعٌ مُؤَخَّرًا. الحَديقَةُ كَبيرَةٌ، فيها أَشْجارٌ طَويلَةٌ وَقَصيرَةٌ، أَشْجارُ زينَةٍ وَأَشْجارٌ مُثْمِرَةٌ. مِنَ الواضِحِ أَنَّهُ تَمَّ الِاعْتِناءُ بِها جَيِّدًا.

وَقَفَتِ الآنِسَةُ وَفاءُ بِجانِبِ شَجَرَةِ زَيْتونٍ وَسَأَلَتْني: "فارِسٌ، أَتَذْكُرُ هَذِهِ الشَّجَرَةَ؟ لَقَدْ زَرَعْتَها أَنْتَ وَأَصْدِقاؤُكَ."

[18:34]

"Praise be to God, I'm married and I have Samar, 11 years old."

"May God bless them for you. And how is your father?"

"My father is in good health. He still lives in the old house near the school and refuses to leave. He retired from the Ministry of Tourism and Antiquities, but he is happy and still maintains his health and elegance."

"Your father took responsibility for you and your family after your mother's passing. He is a respectable man."

"That's very kind of you. I came today to..."

Before I could finish, Miss Wafaa interrupted me with a smile and said, "Come, let me take you on a tour of your school. Haven't you missed it?"

We left the office and began the tour in the school garden. The ground was covered in grass, which seemed to have been recently trimmed. The garden was large, with both tall and short trees, decorative trees, and fruit-bearing ones. It was clear that it had been well taken care of.

Miss Wafaa stood next to an olive tree and asked me, "Faris, do you remember this tree? You and your friends planted it."

"بِالطَّبْعِ أَتَذَكَّرُ. لَكِنّي لا أَعْتَقِدُ أَنْ تكونَ هَذِهِ هِيَ الشَّتْلاتُ الَّتي أَحْضَرْناها مَعَنا مِنْ رِحْلَةِ عَجْلونَ. كانَتْ شَتْلَةُ زَيْتونٍ صَغيرَةٍ."

"بِالضَّبْطِ. هَذِهِ هِيَ الشَّتْلَةُ. عُمُرُها الآنَ أَكْثَرُ مِنْ رُبْعِ قَرْنٍ، وَتُنْتِجُ الزَّيْتونَ كُلَّ عامٍ. لَدَيْنا هُنا أَكْثَرُ مِنْ 50 شَجَرَةِ زَيْتونٍ. عَلى سَبيلِ المِثالِ، يَبْلُغُ عُمُرُ تِلْكَ الشَّجَرَةِ 100 عامٍ عَلى الأَقَلِّ."

دُقَّ جَرَسُ الِاسْتِراحَةِ بَيْنَما كُنّا نَتَحَدَّثُ، وَخَرَجَ الطُّلّابُ بِسُرْعَةٍ مِنَ الصُّفوفِ إِلى الحَديقَةِ. كانَ مَنْظَرًا رائِعًا. مِنْهُمْ مِنْ كانَ يَأْكُلُ تَحْتَ الأَشْجارِ، وَمِنْهُمْ مِنْ كانَ يَلْعَبُ عَلى العُشْبِ، وَكانوا جَميعًا سُعَداءَ، وَكَأَنَّهُمْ يَنْتَظِرونَ اللَّحْظَةَ الَّتي يَرِّنُ فيها جَرَسَ الِاسْتِراحَةِ لِلْخُروجِ إِلى الحَديقَةِ، وَكَأَنَّهُمْ يَتوقونَ إِلَيْها.

اِقْتَرَحَتِ الآنِسَةُ وَفاءُ أَنْ نَدْخُلَ المَبْنى لِنواصِلَ جَوْلَتَنا بِما أَنَّ الطُّلّابَ بِالخارِجِ. وَبِالفِعْلِ دَخَلْنا وَأَخَذَتْني إِلى مَكْتَبَةِ المَدْرَسَةِ. كانَتِ المَكْتَبَةُ عِبارَةً عَنْ مَتْحَفِ كُتُبٍ. الرُفوفُ مَصْنوعَةٌ مِنْ خَشَبِ الوَرْدِ، الأَرْضيَّةُ مِنَ الرُّخامِ الهِنْديِّ الأَخْضَرِ، وَالجُدْرانُ مَليئَةٌ بِإِطاراتٍ وَصوَرٍ لِأُدَباءَ وَكِتّابٍ.

[20:23]

"Of course, I remember. But I don't think this is the same sapling we brought with us from our trip to Ajloun. It was just a small olive sapling."

"Exactly. This is that sapling. It's now over a quarter of a century old and produces olives every year. We have more than 50 olive trees here. For example, that tree over there is at least 100 years old."

As we were talking, the recess bell rang, and the students rushed out of the classrooms into the garden. It was a wonderful sight— some were eating under the trees, others were playing on the grass, and they all seemed happy, as if they had been eagerly waiting for the moment the bell rang to come outside, as if they longed for it.

Miss Wafaa suggested that we enter the building to continue our tour since the students were outside. And so, we went inside, and she took me to the school library. The library felt like a book museum—the shelves were made of rosewood, the floor was covered in green Indian marble, and the walls were filled with framed portraits and pictures of writers and literary figures.

بَيْنَما كُنْتُ أَنْظُرُ إلى الصّوَرِ، أَخْبَرَتْني الآنِسَةُ وَفاءُ: "هَذِهِ صورَةُ شاعِرِ الأُرْدُنِ عَرارٍ. عَرارٌ هُوَ الَّذي افْتَتَحَ هَذِهِ المَكْتَبَةَ بَعْدَ عامٍ مِنْ تَأْسيسِ المَدْرَسَةِ، عامَ 1919. كانَ أَحَدَ الأَسْبابِ الرَّئيسيَّةِ لِتَرْميمِ هَذا المَبْنى وَتَحْويلِهِ إلى مَدْرَسَةٍ."

"تَذَكَّرْتُ. لِهَذا سَمَوا المَدْرَسَةَ بِاسْمِهِ، مُصْطَفى وَهْبي التَّلِّ. كانَ عَرارُ لَقَبَهُ، رَحِمَهُ اللَّهُ."

"فارِسُ، تَعالَ وَانْظُرْ. كُلُّ هَذا الرَّفِ عِبارَةٌ عَنْ كِتاباتِ عَرارٍ أَوْ كُتُبٍ عَنْهُ. تَحْتَوي المَكْتَبَةُ عَلى آلافِ الكُتُبِ، وَفيها طَبْعاتٌ أولى نادِرَةٌ."

عَلَّقْتُ دونَ تَفْكيرٍ: "يَجِبُ أَنْ تَكونوا حَريصينَ أَثْناءَ نَقْلِ الكُتُبِ إلى المَبْنى الجَديدِ."

نَظَرَتْ إِلَيَّ الآنِسَةُ وَفاءُ بِنَظْرَةِ عِتابٍ وَحُزْنٍ، وَقالَتْ: "بِما أَنَّكَ طَرَحْتَ المَوْضوعَ، تَعالَ لِنَجْلِسَ في المَكْتَبِ وَنَتَحَدَّثَ."

شَعَرْتُ بِإِحْراجٍ شَديدٍ. رُبَّما لَمْ يَكُنْ هَذا هُوَ الوَقْتُ المُناسِبُ، لَكِنْ كانَ مِنَ الضَّروريِّ طَرْحُ المَوْضوعِ عاجِلًا أَمْ آجِلًا.

[22:15]

As I was looking at the pictures, Miss Wafaa told me, "This is a picture of Jordanian poet Arar. Arar inaugurated this library a year after the school was founded, in 1919. He was one of the key figures behind the renovation of this building and its transformation into a school."

"I remember now. That's why they named the school after him— Mustafa Wahbi Al-Tal. Arar was his pen name. May God have mercy on him."

"Faris, come and look. This entire shelf is filled with Arar's writings or books about him. The library contains thousands of books, including rare first editions."

Without thinking, I commented, "You must be careful when transporting the books to the new building."

Miss Wafaa looked at me with a reproachful and sorrowful gaze and said, "Since you've brought up the subject, come, let's sit in the office and talk."

I felt extremely embarrassed. Maybe this wasn't the right time, but it was necessary to bring up the matter sooner or later.

كُنْتُ أَسِيرُ خَلْفَها بِخُطُواتٍ بَطِيئَةٍ، أُفَكِّرُ كَيْفَ يُمْكِنُني تَبْرِيرُ مَوْقِفي مِنْ هَدْمِ المَبْنى. شَعَرْتُ وَكَأَنَّني طالِبٌ مُذْنِبٌ مُتَّجِهٌ إِلى مَكْتَبِ المُدِيرِ لِمُعاقَبَتي وَكُنْتُ أُفَكِّرُ في مَخْرَجٍ.

طَلَبَتْ مِنّي بِأَدَبٍ وَلُطْفٍ أَنْ أَجْلِسَ. "تَفَضَّلْ بِالجُلُوسِ يا فارِسُ، أَعْلَمُ أَنَّكَ جِهَةٌ تَنْفِيذِيَّةٌ، وَمِنَ الواضِحِ جِدًّا أَنَّكَ لَمْ تَكُنْ تَعْلَمُ أَنَّ المَبْنى الَّذي يَعْتَرِضُ الطَّرِيقَ السَّرِيعَ الجَدِيدَ هُوَ مَدْرَسَتُكَ الِابْتِدائِيَّةُ."

أَجَبْتُها: "صَحِيحٌ. لَقَدْ عَرَفْتُ ذَلِكَ وَأَنا في طَرِيقي إِلى هُنا."

تابَعَتْ: "وَأَنا لا أُرِيدُكَ أَنْ تَشْعُرَ بِأَيِّ حَرَجٍ. مُنْذُ اللَّحْظَةِ الأُولى اعْتَرَضْنا وَقَدَّمْنا الِتِماساتٍ إِلى وِزارَةِ التَّرْبِيَةِ وَالتَّعْلِيمِ، وَلَكِنْ 'لا حَياةَ لِمَنْ تُنادي'. أَنا لَسْتُ مُهَنْدِسَةَ طُرُقٍ، لَكِنْ بِالتَّأْكِيدِ هُناكَ حَلٌّ آخَرُ غَيْرَ الهَدْمِ. لَكِنَّكَ تَعْلَمُ كَيْفَ تُدارُ الأُمُورُ هُنا. إِنَّهُمْ يَتَصَرَّفُونَ، ثُمَّ يُخَطِّطُونَ."

حاوَلْتُ الرَّدَّ عَلَيْها لَكِنَّها اسْتَمَرَّتْ في الكَلامِ. وَقالَتْ لي بِنَبْرَةِ ثِقَةٍ مَمْزُوجَةٍ بِالحُزْنِ: "لَنْ نَحْزِمَ أَغْراضَنا، وَلَنْ نُغادِرَ مِنْ هُنا. يُرِيدُونَ هَدْمَها؟ فَلْيَفْعَلُوا ذَلِكَ وَنَحْنُ بِداخِلِها!"

[23:59]

I walked behind her slowly, thinking about how I could justify my position regarding the demolition of the building. I felt like a guilty student heading to the principal's office for punishment, searching for a way out.

She politely and kindly asked me to sit. "Please, have a seat, Faris. I know you're just the executive authority, and it's quite clear that you had no idea that the building standing in the way of the new highway was your own elementary school."

I replied, "That's true. I only realized it on my way here."

She continued, "And I don't want you to feel any embarrassment. From the very beginning, we protested and submitted petitions to the Ministry of Education, but 'no one listens when you call.' I'm not a road engineer, but surely there must be an alternative to demolition. But you know how things work here. They act first, then plan later."

I tried to respond, but she kept talking. With a tone that mixed confidence with sorrow, she said, "We will not pack our belongings, and we will not leave. They want to demolish it? Let them do it while we are still inside!"

وَقَفَتِ الآنِسَةُ وَفاءُ عِنْدَ نافِذَةِ مَكْتَبِها المُطِلِّ عَلى الحَديقَةِ، وَسَأَلَتْني: "فارِسٌ، حَتّى لَوْ نَقَلْنا الكُتُبَ، كَيْفَ سَنَنْقُلُ الأَشْجارَ؟ كَيْفَ سَنَنْقُلُ الحَجَرَ؟ القيمَةُ المَعْنَوِيَّةُ لِهَذا المَكانِ تَتَجاوَزُالقيمَةَ المادِّيَّةَ." وَجَّهَتْ وَجْهَها إِلَيَّ وَقالَتْ ساخِرَةً: "وَالوِزارَةُ لَمْ تُخَيِّبِ الآمالَ. أَعْطونا أُسْبوعًا كامِلًا لِلْإِخْلاءِ بَعْدَ آخِرِ يَوْمٍ في المَدْرَسَةِ. يا لَهُ مِنْ كَرَمٍ!"

"أَنا آسِفٌ يا آنِسَةُ وَفاءُ، لَكِنَّ الأَمْرَ خارِجٌ عَنْ سَيْطَرَتي."

اِقْتَرَبَتْ مِنّي وَوَضَعَتْ يَدَها عَلى كَتِفي وَقالَتْ لي: لا تَتَأَسَّفْ يا أَبا الفَوارِسِ، أَنْتَ تُنَفِّذُ الأَوامِرَ. خُذْ أَوْراقَكَ مَعَكَ، لَنْ أُوَقِّعَ أَيَّ شَيْءٍ، فَلْيَحْدُثْ ما قَدَّرَ اللَّهُ أَنْ يَحْدُثَ.

شَكَرْتُها عَلى الشّايِ وَعَلى جَوْلَةِ المَدْرَسَةِ وَغادَرْتُ. وَجَدْتُ السِّكْرِتيرَ في الخارِجِ مَعَ سائِقِ الوِزارَةِ في انْتِظاري. أَعْطَيْتُهُ الأَوْراقَ وَقُلْتُ لَهُ: اِرْجِعوا إِلى الوَزارَةِ. رَفَضَتِ المُديرَةُ التَّوْقيعَ عَلى الأَوْراقِ.

[25:49]

Miss Wafaa stood by the window of her office, overlooking the garden, and asked me, "Faris, even if we move the books, how will we move the trees? How will we move the stones? The sentimental value of this place far exceeds its material value." She turned to face me and said sarcastically, "And the ministry didn't disappoint—they graciously gave us an entire week to vacate after the last school day. How generous!"

"I'm sorry, Miss Wafaa, but this is out of my control."

She approached me, placed her hand on my shoulder, and said, "Don't apologize, Abu Al-Fawaris—you're just following orders. Take your papers with you. I will not sign anything. Let happen what God has decreed to happen."

I thanked her for the tea and for the school tour, then left. Outside, I found the secretary waiting with the ministry driver. I handed him the papers and said, "Go back to the ministry. The principal refused to sign them."

رَكِبْتُ سَيَّارَتِي أُفَكِّرُ فِي كَلَامِ الآنِسَةِ وَفَاءَ. وَبَعْدَ أَنْ كُنْتُ قَدْ أَقْنَعْتُ نَفْسِي بِأَنَّ خُطْوَةَ هَدْمِ المَدْرَسَةِ وَنَقْلَهَا إِلَى مَكَانٍ جَدِيدٍ هِيَ الأَفْضَلُ، رَأَيْتُ المَسْأَلَةَ مِنْ مَنْظُورٍ مُخْتَلِفٍ تَمَامًا. لَا يُمْكِنُ تَعْوِيضُ هَذِهِ المَدْرَسَةِ بِنَقْلِهَا إِلَى مَبْنًى جَدِيدٍ لِأَنَّكَ بِبَسَاطَةٍ لَنْ تَكُونَ قَادِرًا عَلَى نَقْلِ رُوحِهَا.

❖ ❖ ❖

وَصَلْتُ إِلَى مَنْزِلِ وَالِدِي، المَنْزِلُ الَّذِي وُلِدْتُ فِيهِ وَتَرَعْرَعْتُ فِيهِ وَعِشْتُ فِيهِ حَتَّى تَزَوَّجْتُ. الآنَ بَدَأْتُ أَفْهَمُ سَبَبَ رَفْضِ أَبِي الِانْتِقَالَ إِلَى بَيْتٍ جَدِيدٍ وَأَكْبَرَ. لِأَنَّهُ يُحِبُّ الرُّوحَ المَوْجُودَةَ فِي البَيْتِ وَفِي الحَيِّ. إِنَّهُ يُحِبُّ الجِيرَانَ وَيُحِبُّ الجُلُوسَ مَعَ أَصْدِقَائِهِ فِي المَقْهَى المَوْجُودِ بِالأَسْفَلِ لِشُرْبِ الشَّايِ وَلَعِبِ الوَرَقِ وَلُعْبَةِ الطَّاوِلَةِ. إِنَّهُ فِعْلًا عَلَى حَقٍّ. لَنْ أَطْرَحَ مَعَهُ مَوْضُوعَ الِانْتِقَالِ مَرَّةً أُخْرَى.

بَيْتُ وَالِدِي فِي الطَّابِقِ الثَّالِثِ وَلَا يُوجَدُ مَصْعَدٌ. صَعَدْتُ الدَّرَجَ، وَوَصَلْتُ إِلَى البَابِ أَلْهَثُ، وَقَبْلَ أَنْ أَقْرَعَ الجَرَسَ، فَتَحَ أَبِي البَابَ ضَاحِكًا وَقَالَ لِي: "يَا حَسْرَةً عَلَى رُسُومِ الصَّالَةِ الرِّيَاضِيَّةِ. عَلِمْتُ أَنَّكِ وَصَلْتِ مِنْ صَوْتِ نَفَسِكِ.

[27:23]

I got into my car, thinking about Miss Wafaa's words. After convincing myself that demolishing the school and relocating it was the best course of action, I now saw the matter from a completely different perspective. This school cannot be replaced by moving it to a new building—because, quite simply, you cannot transfer its spirit.

❖   ❖   ❖

I arrived at my father's house—the house where I was born, grew up, and lived until I got married. Now, I was beginning to understand why my father refused to move to a newer, bigger home. It was because he loved the soul of this place and the neighborhood. He loved his neighbors, loved sitting with his friends at the café downstairs, drinking tea, playing cards, and backgammon. He was absolutely right. I would never bring up the topic of moving again.

My father's house was on the third floor, and there was no elevator. I climbed the stairs, out of breath. Before I could even knock, my father opened the door, laughing, and said, "What a waste of gym fees! I heard you arrive just from your breathing.

أنا أَصْعَدُ وَأَنْزِلُ الدَّرَجَ خَمْسَ مَرّاتٍ يَوْمِيًّا عَلى الأَقَلِّ، وَأَنا في السِّتّينِيّاتِ مِنْ عُمُري."

ضَحِكْتُ وَقُلْتُ لَهُ وَأَنا أَلْتَقِطُ أَنْفاسي: "قَوّاكَ اللّهُ، إِذًا عَلَيْنا أَنْ نَجِدَ لَكَ عَروسًا."

ضَحِكَ بِصَوْتٍ عالٍ وَقالَ: "أَأَتَزَوَّجُ لِأَخْسَرَ ما تَبَقّى مِنْ صِحَّتي؟! لا يا عَزيزي، أَنا سَعيدٌ جِدًّا لِكَوْني حُرًّا." ثُمَّ سَأَلَني: لِماذا تَأَخَّرْتَ؟

"أَبي، أَنا جائِعٌ. سَأُخْبِرُكَ عَلى الغَداءِ. ماذا طَبَخْتَ اليَوْمَ؟"

" طَبَخْتُ المَنْسَفَ الَّذي تُحِبُّهُ."

أَعْدَدْنا المائِدَةَ وَجَلَسْنا لِتَناوُلِ الطَّعامِ. أَبي يَطْبُخُ أَفْضَلَ مَنْسَفٍ. يُحْضِرُ الزَّبادي مِنَ الكَرَكِ، وَلَحْمَ الضَّأْنِ مِنْ إِرْبَدَ، وَهُوَ دائِمًا فَخورٌ بِالمَنْسَفِ الَّذي يَطْبُخُهُ. وَبِصَراحَةٍ إِنَّهُ مُحِقٌّ، لِأَنَّهُ لَذيذٌ. أَتَمَنّى لَوْ تَتَعَلَّمُ زَوْجَتي حَنانُ طَبْخَ المَنْسَفِ مِنْهُ، لَكِنْ لا يُمْكِنُني إِخْبارَها، سَتَأْخُذُ الأَمْرَ عَلى مَحْمَلٍ شَخْصِيٍّ.

أَكَلْنا وَأَخْبَرْتُهُ بِالقِصَّةِ مِنْ بِدايَتِها إِلى نِهايَتِها.

"هَذا الَّذي أَخَّرَني. الأَمْرُ يَشْغَلُ تَفْكيري."

[29:07]

I go up and down these stairs five times a day at the very least, and I'm in my sixties!"

I laughed and, still catching my breath, said, "May God give you strength! Then I suppose we need to find you a bride."

He burst into loud laughter and said, "Get married? Just to lose the last bit of health I have left? No, my dear, I'm very happy being free." Then he asked, "Why are you late?"

"Dad, I'm starving. I'll tell you over lunch. What did you cook today?"

"I made Mansaf—which you love."

We set the table and sat down to eat. My father makes the best Mansaf. He gets the yogurt from Karak and the lamb from Irbid, and he is always proud of the Mansaf he cooks. And to be honest, he has every right to be—it is delicious. I wish my wife, Hanan, would learn how to cook Mansaf from him, but I can't tell her that—she would take it personally.

We ate, and I told him the whole story from beginning to end.

"That's what delayed me. The matter has been on my mind."

أَجابَني بِهُدوءٍ وَهُوَ يُحَرِّكُ الشّايَ بِالمِلْعَقَةِ، وَبِابْتِسامَةٍ ثِقَةٍ: "ماذا لَوْ وَجَدْتُ لَكَ حَلًّا؟"

"أَبي، لَيْسَ وَقْتَ المُزاحِ يا عَزيزي. لا يوجَدُ حَلٌّ سِوى مُرورِ الطَّريقِ مِنْ هَذِهِ النُّقْطَةِ. الجِسْرُ لَنْ يُؤَدِّيَ الغَرَضَ، والنَّفَقُ لَنْ تَدْفَعَ الدَّوْلَةُ تَكْلِفَتَهُ لِإِنْقاذِ مَدْرَسَةٍ يُمْكِنُها بِبَساطَةٍ نَقْلَها إلى مَبْنًى جَديدٍ. الحَلُّ الوَحيدُ هُوَ أَنْ نَطْلُبَ مُهْلَةً أَطْوَلَ وَنُقْنِعَ الآنِسَةَ وَفاءَ بِنَقْلِ مُحْتَوَياتِ المَدْرَسَةِ.

أَحْضَرَ لي والِدي كوبًا مِنَ الشّايِ، وَجَلَسَ بِجِواري، وَقالَ لي بِبَساطَةٍ: "مِنَ المُمْكِنِ أَلّا يَتِمَّ هَدْمُ المَبْنى، لَكِنَّهُ لَنْ يَكونَ مَدْرَسَةً أَيْضًا."

أَجَبْتُهُ: "هَذِهِ لَيْسَتْ مَزْحَةً. إِنَّها لُغْزٌ!"

"سَأُخْبِرُكَ قِصَّةَ مَدْرَسَةِ عَرارٍ بَيْنَما تَشْرَبُ أَفْضَلَ فِنْجانِ شايٍ بِالمَرْيَمِيَّةِ مِنْ يَدَيْ أَبي فارِسٍ."

واصَلَ كَلامَهُ: "أُنْشِئَتِ المَدْرَسَةُ عامَ 1918. كانَتِ الأَرْضُ وَالمَبْنى مَوْجودينِ بِالفِعْلِ. كانَ قَصْرًا لِكَمالِ باشا العُثْمانِيِّ، وَعِنْدَما خَرَجَ العُثْمانِيّونَ مِنَ الأُرْدُنِ طَلَبَ كَمالُ باشا مِنَ الشّاعِرِ عَرارٍ تَحْويلَ القَصْرِ إِلى مَدْرَسَةٍ كَعَمَلٍ خَيْرٍ،

[30:48]

He calmly stirred his tea with a spoon and, with a confident smile, said, "What if I found a solution for you?"

"Dad, this is no time for jokes. There is no solution except for the road to pass through this point. A bridge won't work, and the government won't pay for a tunnel just to save a school when it can simply be relocated to a new building. The only option is to request an extension and convince Miss Wafaa to transfer the school's contents."

My father brought me a cup of tea, sat beside me, and said simply, "Maybe the building won't be demolished, but it won't remain a school either."

I replied, "This isn't a joke. It sounds like a riddle!"

"Let me tell you the story of Arar's School while you drink the best cup of sage tea you'll ever have, made by Abu Faris himself."

He continued, "The school was established in 1918. The land and the building already existed—it was originally the palace of Kamal Pasha from the Ottoman era. When the Ottomans left Jordan, Kamal Pasha asked the poet Arar to turn the palace into a school

وَطَلَبَ تَسْمِيَتَها عَلى اسْمِ عَرارٍ. أَسَّسَ عَرارُ المَدْرَسَةَ وَمَكْتَبَتَها، وَمُنْذُ عامِ 1921 أَصْبَحَتْ تَحْتَ إِشْرافِ وِزارَةِ التَّرْبِيَةِ وَالتَّعْليمِ.

"لا أَفْهَمُ قَصْدَكَ. وِزارَةُ التَّرْبِيَةِ وَالتَّعْليمِ وافَقَتْ عَلى قَرارِ الهَدْمِ."

"اِصْبِرْ عَلَيَّ يا فارِسُ. لَقَدْ وَرِثَ كَمالُ باشا القَصْرَ عَنْ جَدِّهِ. هَذا العَقارُ بُنِيَ في خَمْسينِيَّاتِ القَرْنِ الثّامِنَ عَشَرَ عَلى أَبْعَدِ تَقْديرٍ، يَعْني أَنَّ عُمْرَهُ أَكْثَرُ مِنْ قَرْنَيْنِ وَنِصْفٍ. هَلْ بَدَأْتَ أَنْ تَفْهَمَ قَصْدي؟"

"هَلْ تَقْصِدُ أَنَّ المَبْنى أَثَرِيٌّ؟"

ضَرَبَ والِدي الطّاوِلَةَ وَقالَ بِصَوْتٍ عالٍ: "أَخيرًا وَصَلَتِ المَعْلومَةُ! يَجِبُ أَنْ يَكونَ هَذا المَبْنى تَحْتَ إِشْرافِ وِزارَةِ السِّياحَةِ وَالآثارِ وَلَيْسَ وِزارَةَ التَّرْبِيَةِ وَالتَّعْليمِ. وَيَنُصُّ القانونُ عَلى عَدَمِ المَساسِ بِأَيِّ مَبْنًى يَزيدُ عُمْرُهُ عَنْ 100 سَنَةٍ دونَ الرُّجوعِ لِوِزارَةِ السِّياحَةِ وَالآثارِ."

سَأَلْتُهُ: "ما هِيَ الخُطْوَةُ الَّتي يَجِبُ أَنْ نَتَّخِذَها الآنَ؟"

[32:34]

as a charitable act and requested that it be named after him. Arar founded the school and its library, and since 1921, it has been under the supervision of the Ministry of Education."

"I don't understand what you're getting at. The Ministry of Education has already approved the demolition."

"Be patient, Faris. Kamal Pasha inherited the palace from his grandfather. This property was built in the 1750s at the earliest, meaning it is over 250 years old. Do you see where I'm going with this?"

"Are you saying that the building is a historical landmark?"

My father slammed the table and said loudly, "Finally, you get it! This building should be under the supervision of the Ministry of Tourism and Antiquities, not the Ministry of Education. The law states that no building over 100 years old can be altered without consulting the Ministry of Tourism and Antiquities!"

I asked him, "What step should we take now?"

"لَكِنْ عَلَيْنا الِانْتِباهَ إِلى أَنَّهُ إِذا نُقِلَتْ وِصايَةُ المَبْنى وَالإِشْرافِ عَلَيْهِ إِلى وِزارَةِ السِّياحَةِ وَالآثارِ، فَلَنْ تَظَلَّ مَدْرَسَةً. سَتُصْبِحُ مَعْلَمًا أَثَرِيًّا."

"بِهَذا لَنْ نَفْعَلَ شَيْئًا. سَيَنْقُلونَ المَدْرَسَةَ إِلى المَبْنى الجَديدِ."

"لَكِنْ عَلى الأَقَلِّ سَنَكونُ قَدْ أَنْقَذْنا المَبْنى وَالحَديقَةَ مِنَ الهَدْمِ. وَكَما قُلْتَ أَنْتَ، المُهِمُّ هُوَ روحُ المَكانِ."

"مَعَكَ حَقٌّ. وَكَمْ يَوْمًا قَدْ تَسْتَغْرِقُ الإِجْراءاتُ؟ الوَقْتُ لَيْسَ في صالِحِنا."

"عَلى حَسَبِ الأَوْراقِ المُتَوَفِّرَةِ، رُبَّما أَيّامًا أَوْ حَتّى أَسابيعَ."

"فَهِمْتُ، عَلَيَّ أَنْ أَذْهَبَ غَدًا باكِرًا لِلْتَّحَدُّثِ إِلى الآنِسَةِ وَفاءَ. هَلّا تَأْتي مَعي يا أَبي؟"

"تَعالَ وَاصْطَحِبْني في الصَّباحِ."

"شُكْرًا عَلى المَنْسَفِ وَعَلى الفِكْرَةِ الرّائِعَةِ."

"عَفْوًا حَبيبي. أَراكَ غَدًا. إِلى اللِّقاءِ!"

[34:33]

"But we must be careful—if the building's oversight is transferred to the Ministry of Tourism and Antiquities, it will no longer remain a school. It will become a historical site."

"That means we won't have accomplished anything. They will still relocate the school to the new building."

"But at least we will have saved the building and the garden from demolition. And as you said yourself, what matters is the spirit of the place."

"You're right. But how many days will the procedures take? Time is not on our side."

"Depending on the available paperwork, it could take days—or even weeks."

"I understand. I have to go early tomorrow morning to speak with Miss Wafaa. Would you come with me, Dad?"

"Come pick me up in the morning."

"Thank you for the Mansaf and for the great idea."

"You're welcome, my dear. See you tomorrow. Goodbye!"

❖ ❖ ❖

طَوالَ طَريقي إلى المَنْزِلِ وَأنا أُفَكِّرُ في المَكْتَبَةِ وَالحَديقَةِ وَكَلامِ الآنِسَةِ وَفاءَ وَأَبي. هَلْ مِنَ المُمْكِنِ أَنْ يَكونَ هُناكَ أَمَلٌ؟ لَكِنّي أَعْرِفُ إِجْراءاتِ الحُكومَةِ وَبيروقْراطِيَّتِها. وَأَنا سَأُسافِرُ في إِجازَةٍ مَعَ عائِلَتي الأُسْبوعَ المُقْبِلَ، هَلْ سَيَكونُ لَدَيَّ وَقْتٌ؟ وَكَيْفَ سَيَكونُ مَوْقِفُ الآنِسَةِ وَفاءَ؟ وَلِماذا أَخَذْتُ هَذا الأَمْرَ عَلى مَحْمَلٍ شَخْصِيٍّ؟ هَلْ هُوَ حَنيني لِمَدْرَسَتي؟ أَمِ احْتِرامي لِمُعَلِّمَتي؟ أَمْ شُعورٌ بِالذَّنْبِ لِأَنَّني جُزْءٌ مِنَ المُشْكِلَةِ؟ أَسْئِلَةٌ كَثيرَةٌ. المُهِمُّ هُوَ أَنْ أَفْعَلَ ما يُمْليهِ ضَميري عَلَيَّ.

وَصَلْتُ المَنْزِلَ. كانَتْ حَنانُ قَدْ أَعَدَّتِ العَشاءَ، كانَتْ سَمَرُ نائِمَةً. جَلَسْتُ عَلى المائِدَةِ مَعَ حَنانَ وَأَخْبَرْتُها بِكُلِّ ما حَدَثَ لي وَما أَنْوي فِعْلَهُ. كُنْتُ أَرْغَبُ في رُؤْيَةِ رَدِّ فِعْلِها، خاصَّةً في حالِ إِذا اسْتَغْرَقَتِ الإِجْراءاتُ وَقْتًا طَويلًا، فَقَدْ نُؤَجِّلُ العُطْلَةَ أَوْ حَتّى نُلْغِيَها.

فاجَأَني رَدُّ فِعْلِ حَنانَ. أَمْسَكَتْ بِيَدي وَقالَتْ لي: "فارِسٌ، هَذا الصَّباحُ كُنّا نُعَلِّمُ ابْنَتَنا سَمَرَ أَهَمِّيَّةَ المُعَلِّمينَ وَمَكانَتَهُمْ،

[35:28]

❖ ❖ ❖

On my way home, I kept thinking about the library, the garden, Miss Wafaa's words, and my father's. Could there be hope? But I know how slow and bureaucratic government procedures are. And I am supposed to travel on vacation with my family next week—Will I have enough time? How will Miss Wafaa react? Why have I taken this matter so personally? Is it nostalgia for my school? Respect for my teacher? Or a sense of guilt because I am part of the problem? So many questions. But what matters is that I do what my conscience tells me.

I arrived home. Hanan had prepared dinner, and Samar was already asleep. I sat at the table with Hanan and told her everything that had happened and what I intended to do. I wanted to see her reaction, especially in case the procedures took a long time, which might mean postponing or even canceling our vacation.

Hanan's reaction surprised me. She held my hand and said, "Faris, this morning, we were teaching our daughter, Samar, about the importance and status of teachers.

فَيَجِبُ أَنْ نكونَ قُدْوَةً لَها، وَهَذِهِ فُرْصَةٌ لِتَحْفَظَ جَميلَ مُعَلِّمَتِكَ وَمَدْرَسَتِكَ. حَتّى لَوْ لَمْ تَنْجَحْ، يَكْفيكَ شَرَفُ المُحاوَلَةِ. أَنا فَخورَةٌ بِكَ يا حَبيبي."

أَراحَني كَلامُ حَنانَ. شَعَرْتُ بِإِحْساسٍ لَمْ أَشْعُرْهُ مُنْذُ أَيّامِ المَدْرَسَةِ، أَرَدْتُ الذَّهابَ لِلْنَّوْمِ مُبَكِّرًا حَتّى يَمُرَّ الوَقْتُ سَريعًا وَأَسْتَيْقِظَ لِلْذَّهابِ إِلى المَدْرَسَةِ. دَخَلْتُ غُرْفَةَ سَمَرٍ وَغَطَّيْتُها وَقَبَّلْتُها. عانَقْتُ حَنانَ وَذَهَبْتُ إِلى النَّوْمِ سَعيدًا.

❖ ❖ ❖

اِسْتَيْقَظْتُ في الصَّباحِ قَبْلَ أَنْ يَدُقَّ المُنَبِّهُ. اِسْتَحْمَمْتُ وَارْتَدَيْتُ مَلابِسي وَحَضَّرْتُ الفَطورَ، وَأَيْقَظْتُ سَمَرَ وَحَنانَ وَتَناوَلْنا الإِفْطارَ، وَبَعْدَ أَنْ أَوْصَلْتُ سَمَرَ إِلى المَدْرَسَةِ، ذَهَبْتُ لِاصْطِحابِ والِدي مِنَ المَنْزِلِ وَذَهَبْتُ إِلى المَدْرَسَةِ.

وَصَلْنا إِلى المَدْرَسَةِ وَدَخَلْنا مِنَ البَوّابَةِ لِمُقابَلَةِ المُديرَةِ. كانَ الطُّلّابُ قَدْ دَخَلوا الصُّفوفَ، وَكانَتِ الآنِسَةُ وَفاءُ واقِفَةً مَعَ اثْنَيْنِ مِنَ المُعَلِّمينَ تَتَحَدَّثُ مَعَهُما.

رَأَتْنا وَقالَتْ: "صَباحُ الخَيْرِ فارِسُ، كَيْفَ حالُكَ؟"

[37:10]

We must set an example for her, and this is your chance to repay your teacher and your school. Even if you don't succeed, the honor is in the attempt. I'm proud of you, my love."

Hanan's words reassured me. I felt something I hadn't felt since my school days—I wanted to go to bed early so time would pass quickly and I could wake up and go to school. I entered Samar's room, tucked her in, and kissed her. I hugged Hanan and went to bed happy.

❖ ❖ ❖

I woke up in the morning before the alarm rang. I showered, got dressed, prepared breakfast, and woke up Samar and Hanan. We had breakfast together, and after dropping Samar off at school, I went to pick up my father from home, and together, we headed to the school.

We arrived at the school and entered through the gate to meet with the principal. The students had already gone into their classrooms, and Miss Wafaa was standing with two teachers, talking to them.

She saw us and said, "Good morning, Faris! How are you?"

أَجَبْتُ: "صَباحُ الخَيْرِ الحَمْدُ لِلهِ، أَنا بِخَيْرٍ. أَعْتَذِرُ لِأَنّي جِئْتُ دونَ مَوْعِدٍ، لَكِنَّنا نَحْتاجُ لِنِصْفِ ساعَةٍ مِنْ وَقْتِكِ."

قالَتْ لي بِابْتِسامَةٍ: "إِنَّها مَدْرَسَتُكَ. يُمْكِنُكَ الحُضورُ في أَيِّ وَقْتٍ."

لَقَدْ عَرَّفْتُها عَلى والِدي. "آنِسَةُ وَفاءُ، هَذا والِدي السَّيِّدُ عُمَرُ. أَبي، هَذِهِ الآنِسَةُ وَفاءُ مُعَلِّمَتي."

أَجابَتْ بِحَرارَةٍ: أَهْلًا وَسَهْلًا يا أَبا فارِسٍ، تَشَرَّفْنا.

أَجابَ والِدي: "شَرَفٌ لي يا آنِسَةُ وَفاءُ. أَنا لا أَنْسى حَنانَكَ عَلى ابْني عِنْدَما تُوُفِّيَتْ والِدَتُهُ، وَيُسْعِدُني أَنَّ الفُرْصَةَ أَتَتْ لِأَشْكُرَكِ."

"عَفْوًا. فارِسٌ بِشَكْلٍ خاصٍّ وَكُلُّ الطُّلّابِ بِشَكْلٍ عامٍّ هُمْ أَوْلادي. تَفَضَّلا لِنَتَحَدَّثَ في المَكْتَبِ. سَأَلَتْنا: "ماذا تُريدانِ أَنْ تَشْرَبا؟".

أَجابَ والِدي: "قَهْوَةٌ سادَةٌ، مِنْ فَضْلِكِ."

[38:48]

I replied, "Good morning! I'm well, thank God. I apologize for coming without an appointment, but we need just half an hour of your time."

She smiled and said, "This is your school. You can come anytime."

I introduced her to my father. "Miss Wafaa, this is my father, Mr. Omar. Dad, this is Miss Wafaa, my teacher."

She warmly replied, "Welcome, Abu Faris. It's an honor."

My father responded, "The honor is mine, Miss Wafaa. I will never forget the kindness you showed my son when his mother passed away. I'm happy that I finally have the chance to thank you."

She said, "You're very kind. Faris, specifically, and all my students in general, are like my children." She gestured for us to enter her office and asked, "What would you both like to drink?"

My father replied, "Black coffee, please."

"آنِسَةُ وَفاءُ، حَتّى لا نَأْخُذَ الْكَثيرَ مِنْ وَقْتِكِ، بِالْأَمْسِ شَرَحْتُ الْوَضْعَ لِوالِدي لِأُزيحَ الْأَمْرَ عَنْ صَدْري، لَكِنْ بِحُكْمِ السَّنَواتِ الطَّويلَةِ في عَمَلِهِ في وِزارَةِ السِّياحَةِ وَالْآثارِ، كانَ لَدَيْهِ حَلٌّ. تَفَضَّلْ يا أَبي. اِشْرَحْ لَها، مِنْ فَضْلِكَ."

بَدَأَ أَبي يُخْبِرُ الْآنِسَةَ وَفاءَ بِالتَّفْصيلِ عَنْ طَريقَةِ إِنْقاذِ الْمَبْنى، وَشَرَحَ لَها بِوُضوحٍ أَنَّهُ إِذا نَجَحَتْ هَذِهِ الْخُطْوَةُ، مِنَ الْمُمْكِنِ أَنْ تُنْقِذَ الْعَقارَ مِنَ الْهَدْمِ، لَكِنَّ نَقْلَ الْمَدْرَسَةِ إِلى الْمَبْنى الْجَديدِ أَمْرٌ لا مَفَرَّ مِنْهُ.

بَعْدَ أَنِ انْتَهى والِدي وَأَجابَ عَلى جَميعِ أَسْئِلَةِ الْآنِسَةِ وَفاءَ، قالَتِ الْآنِسَةُ وَفاءُ: "الْمُهِمُّ بِالنِّسْبَةِ لي أَنْ يَظَلَّ الْمَبْنى وَالْحَديقَةُ كَما هُما."

فَجْأَةً وَبِجُرْأَةٍ، قالَ والِدي: "آنِسَةُ وَفاءُ، هَلْ يُمْكِنُ أَنْ آخُذَ رَقْمَ هاتِفِكِ الْمَحْمولِ؟ لِأَنَّهُ خِلالَ الْأَيّامِ الْمُقْبِلَةِ، يَجِبُ أَنْ نُنَسِّقَ جُهودَنا مَعًا."

كَتَبَتْ رَقْمَها عَلى وَرَقَةٍ وَرَدَّتْ: "بِالتَّأْكيدِ يا سَيِّدُ عُمَرُ. تَفَضَّلْ. هَذا رَقْمِيَ الْخاصُّ، يُمْكِنُكَ الاتِّصالُ في أَيِّ وَقْتٍ."

[40:12]

I said, "Miss Wafaa, so as not to take up too much of your time—yesterday, I explained the situation to my father to ease the burden on my chest. But given his many years of experience working at the Ministry of Tourism and Antiquities, he came up with a solution. Please, Dad, explain it to her."

My father began explaining in detail how the building could be saved. He clearly outlined that if this step succeeded, the property could be protected from demolition, though relocating the school to the new building would still be inevitable.

After my father finished and answered all of Miss Wafaa's questions, she said, "What's most important to me is that the building and the garden remain as they are."

Suddenly, and boldly, my father asked, "Miss Wafaa, may I have your mobile number? In the coming days, we'll need to coordinate our efforts together."

She wrote her number on a piece of paper and handed it over, saying, "Of course, Mr. Omar. Here you go. This is my private number—you can call anytime."

❖ ❖ ❖

بَعْدَ أَنْ أَخَذْنا المُسْتَنَداتِ وَالأَوْراقِ اللّازِمَةِ مِنَ الآنِسَةِ وَفاءَ، ذَهَبْنا لِتَقْديمِها وَمُتابَعَةِ الإِجْراءاتِ. وَبِالفِعْلِ قَدَّمْناها وَطُلِبَ مِنّا الِانْتِظارُ حَتّى اتِّخاذِ القَرارِ.

مَرَّ اليَوْمَ الأَوَّلُ وَالثّاني وَلَمْ يَكُنْ هُناكَ أَخْبارٌ. في اليَوْمِ الثّالِثِ، بَيْنَما كُنْتُ في العَمَلِ، أَحْضَرَ لي السِّكِرْتيرُ مَظْروفًا. فَتَحْتُهُ وَقَرَأْتُهُ.

قَفَزْتُ مِنَ الكُرْسِيِّ فَرِحًا وَاتَّصَلْتُ بِوالِدي عَلى الفَوْرِ: "مَرْحَبًا؟ أَبي؟ لَقَدْ تَلَقَّيْنا رِسالَةً بِوَقْفِ أَعْمالِ الهَدْمِ عَلى الفَوْرِ لِحينِ صُدورِ قَرارِ مَجْلِسِ الوُزَراءِ."

"هَلْ أَخْبَرْتَ الآنِسَةَ وَفاءَ؟"

"لا، أَنْتَ مَعَكَ رَقْمُ هاتِفِها، وَلَيْسَ أَنا، يا رومْيو!"

"هَهْهَهْهَهَ حَسَنًا سَأَتَّصِلُ بِجولْييتَ... أَقْصِدُ وَفاءَ وَأُخْبِرُها."

أَنْهَيْتُ المُكالَمَةَ مَعَ والِدي وَأَنا أَضْحَكُ عَلى روحِ دُعابَتِهِ وَمُراهَقَتِهِ.

[41:51]

❖　❖　❖

After we gathered the necessary documents from Miss Wafaa, we went to submit them and follow up on the procedures. Indeed, we submitted everything and were asked to wait for a decision to be made.

The first and second days passed with no news. On the third day, while I was at work, my secretary brought me an envelope. I opened it and read its contents.

I jumped out of my chair in joy and immediately called my father: "Hello? Dad? We just received a letter ordering an immediate halt to the demolition until the Council of Ministers issues a decision!"

"Did you inform Miss Wafaa?"

"No, you have her phone number, not me, Romeo!"

"Hahaha, alright, I'll call Juliet—I mean, Wafaa—and tell her."

I ended the call with my father, laughing at his humor and playful teasing.

❖ ❖ ❖

فِي هَذا الصَّيْفِ، لَمْ يَتِمَّ هَدْمُ المَدْرَسَةِ. أَعْطَتْ وِزارَةُ الآثارِ مُهْلَةَ خَمْسِ سَنَواتٍ لِنَقْلِها.

أَنْشَأْنا نَفَقًا تَحْتَهُ وَواصَلْنا مَشْروعَ الطَّريقِ السَّريعِ. وَخَطَبَ أَبي الآنِسَةَ وَفاءَ، أَقْصِدُ أُمّي وَفاءَ.

أَمّا سَمَرُ، فَهِيَ تَبْني القُصورَ وَالقِلاعِ الرَّمْلِيَّةَ. حَنانُ تَأْخُذُ حَمّامَ شَمْسٍ وَتَقْرَأُ كِتابًا. وَأَنا جالِسٌ بِجانِبِهِما تَحْتَ المِظَلَّةِ أَكْتُبُ آخِرَ كَلِمَةٍ مِنَ القِصَّةِ:

النِّهايَةُ.

[43:16]

❖ ❖ ❖

That summer, the school was not demolished. The Ministry of Antiquities granted a five-year grace period for its relocation.

We built a tunnel beneath it and continued the highway project. And my father got engaged to Miss Wafaa—I mean, Mother Wafaa.

As for Samar, she is still building sand castles and fortresses. Hanan is sunbathing and reading a book. And I'm sitting beside them under the umbrella, writing the final words of this story:

The End

ARABIC TEXT WITHOUT TASHKEEL

For a more authentic reading challenge, read the story without the aid of diacritics (tashkeel) and the parallel English translation.

العودة إلى المدرسة

أنا فارس عمر. عمري 38 سنة. تخرجت في كلية الهندسة في الجامعة الأردنية، وأعمل مهندس طرق في وزارة الأشغال العامة في عمان.

أنا متزوج وعندي سمر؛ ابنة جميلة. قابلت زوجتي حنان في الجامعة. كانت تدرس المحاسبة في كلية التجارة. تعمل حنان الآن مراقبة مالية في البنك الأهلي.

حياتي روتينية: العمل، الصالة الرياضية، المنزل. وفي عطلة نهاية الأسبوع، أخرج مع زوجتي وابنتي لنزور أقاربنا ونشتري أشياء للبيت.

وفي العطلة الصيفية، نسافر للخارج لمدة أسبوع أو أسبوعين. أنا وحنان وسمر ننتظر هذه الرحلة طوال السنة على أحر من الجمر.

تحب سمر البحر كثيرا. تلعب في الرمال، وتبني القصور والقلاع. أنا متأكد أنها ستغدو مهندسة أفضل مني!

نأخذ أنا وحنان حمام شمس ونقرأ الكتب التي لم يكن لدينا وقت لقراءتها ونحن في عمان. لكن هذا الصيف كان مختلفا عن أي صيف آخر.

❖   ❖   ❖

قبل العطلة الصيفية بأسبوع، استيقظت في الصباح على صوت زوجتي وهي توقظني.

"صباح الخير حبيبي! هيا انهض واستحم لتتناول الفطور."

"كم الساعة يا حبيبتي؟ المنبه لم يرن بعد."

"إنها الساعة 6:30. ألم نتفق هذا الأسبوع على أن توصل سمر إلى المدرسة؟ لأنني أعطي مهامي إلى زميلتي التي ستحل مكاني أثناء سفرنا."

”حسنا، حسنا حبيبتي. سأنهض.“

”سألبس سمر ملابسها وأعد الفطور. سننتظرك على مائدة الطعام.“

”حسنا. سأكون جاهزا خلال ربع ساعة.“

لقد نسيت ضبط المنبه قبل نصف ساعة من الموعد. عجبا، يا للفرق الذي تحدثه هذه النصف ساعة. ما زلت نعسانا، لكنني استحممت واستفقت ونزلت لتناول الإفطار معهم.

”صباح الخير يا أجمل بنت في العالم.“

ردت سمر: ”صباح الخير أبي.“

قالت لي حنان: ”ألن تقل لي صباح الخير يا أجمل زوجة في العالم؟“

قبلت خدها وقلت: ”أنت أجمل زوجة في الكون كله.“

سألتني حنان: ”فارس، من سيتسلم منك إدارة مشروع الطريق السريع الجديد؟“

أجبتها: ”لا أحد. خلال إجازتنا ستكون هناك أعمال هدم لمبنى. سأزور المبنى اليوم، وبعدها سأزور والدي لأن الموقع قريب من منزل عائلتي.“

قاطعتنا سمر قائلة: ”أبي، عندي اختبار لغة عربية اليوم.“

”وهل درست جيدا؟“

”نعم، وساعدتني أمي في مراجعة البيوت الشعرية المطلوبة منا.“

”هيا أسمعيني، أنا أحب الشعر.“

سألت حنان: فارس، هل تريد القهوة؟

”نعم حبيبتي من فضلك. اقرئي الشعر يا سمر.“

وقفت سمر، وحركت يدها بشغف وقالت: ”قم للمعلم وفه التبجيلا، كاد المعلم أن يكون رسولا.“

”يا إلهي، لقد ذكرتني بأيام المدرسة، وهل تعرفين قصد الشاعر؟“

”أمي أخبرتني أن قصد الشاعر هو أنه يجب أن نحترم المعلم لأنه يؤدي رسالة ويخرج الأجيال.“

"صحيح يا ابنتي. أنا متأكد أنك ستحصلين على درجة كاملة اليوم في الامتحان. هل أنت متحمسة للعطلة؟"

"أجل، كثيرا."

قالت حنان: "هيا أكملا فطوركما حتى تصلا في الموعد."

"حسنا. سمر، أحضري حقيبتك. سأنتظرك بالخارج في السيارة."

❖ ❖ ❖

ركبت السيارة وشغلتها، وبعد دقيقتين، أتت سمر وجلست في المقعد الخلفي، ووضعت حزام الأمان وقالت لي: "أنا جاهزة يا أبي."

قدت سيارتي نحو مدرسة سمر. مدرسة سمر هي مدرسة لغات خاصة.

أنا درست في مدرسة حكومية قريبة من منزل والدي، وكنت أذهب مشيا لأنه لم يكن لدينا سيارة. نصف ساعة ذهابا ونصف ساعة إيابا. في الجو الحار أو البارد أو الممطر-لا يهم. كنت أذهب كل يوم، وكنت من المتفوقين. تذكرت كم كنت أحب المدرسة. كنت أنام مبكرا ليمر الوقت سريعا وأستيقظ للذهاب إلى المدرسة في اليوم التالي.

كان لدي الكثير من الأصدقاء، لكن أكثر شخص كنت أحبه هي معلمة التاريخ، الآنسة وفاء. لا زلت أذكر كم كانت حنونة وصبورة. كانت هي من تنظم رحلات المدرسة إلى الأماكن الأثرية، وعندما توفيت أمي، اهتمت بي كثيرا، ووقفت بجانبي، وجعلتني أحافظ على تفوقي الدراسي. لماذا لم أسأل عنها كل هذه المدة؟ يا ترى كيف حالها.

"أبي، الإشارة خضراء."

"أجل، لا عليك حبيبتي. كنت شارد الذهن، وأتذكر أيام المدرسة."

"أبي، هل كنت متفوقا في المدرسة؟"

"أجل يا حبيبتي. كنت الأفضل في صفي. وإلا فكيف أصبح والدك مهندسا يا سمر؟ لأنه كان متفوقا في المدرسة."

"أبي، لقد وصلنا. توقف عند البوابة الكبيرة من فضلك."

"حسنا، انتبهي إلى خطواتك."

"مع السلامة!"

"مع السلامة حبيبتي."

❖ ❖ ❖

اتجهت إلى مكتبي في الوزارة لآخذ أوراق المبنى الذي ستتم إزالته. وصلت إلى مكتبي وطلبت من السكرتير فنجان قهوة سادة بدون هال. أحب القهوة بدون سكر أو هال. أحب تذوق طعم القهوة دون إضافات.

"صباح الخير أيها المهندس فارس. تفضل قهوتك."

"صباح الخير، شكرا."

"أنت لا تشرب قهوتك الصباحية عادة في المكتب."

"اليوم استيقظت أبكر من المعتاد. أريد أن أستفيق."

"هل أحضر لك الأوراق لتلقي نظرة عليها قبل أن نذهب إلى الموقع؟"

"لا، أحضر معك العنوان والتصاريح. سألقي نظرة عليها في طريقنا."

غادر السكرتير وعاد ومعه ورقة، وقال لي: "أيها المهندس فارس، هل يمكنك التوقيع على إجازتي؟ لقد تقدمت بطلب للحصول على إجازة في نفس وقت إجازتك لأنك ستسافر، وتم تعليق العمل على الطريق السريع حتى تتم إزالة المباني، وسنعود إلى العمل في نفس الوقت."

"جيد جدا. أتعلم، أنا أضيع بدونك، وعندما نعود من الإجازة سيكون هنالك الكثير من العمل. ها هو أفضل توقيع لأفضل سكرتير في الوزارة."

"هذا لطف منك. شكرا لك. سنكون مستعدين للانطلاق خلال خمس دقائق."

قبل أن يخرج السكرتير من المكتب، قلت له: "سآخذ سيارتي، وأنت اركب معي، واجعل سيارة الوزارة تتبعنا، لكي أعطيك الأوراق موقعة، لأنني بعد الزيارة سأمر على بيت والدي للاطمئنان عليه."

أجابني وهو يغلق الباب خلفه: "حسنا، سيارة الوزارة جاهزة."

شربت قهوتي وأخذت حقيبتي ونزلت لأجد السكرتير ينتظر بجانب السيارة. سألته: "هل تعرف عنوان المبنى؟"

"نعم، أعرفه."

"حسنا، خذ المفاتيح. قد أنت."

❖ ❖ ❖

انطلقنا من الوزارة في اتجاه المبنى، وفي الطريق فتحت الملف، وكانت مفاجأة كبيرة عندما رأيت اسم مدرستي الابتدائية. إنه المبنى الذي وقع قرار الإزالة عليه، مدرسة مصطفى التل الابتدائية! كيف لم ألاحظ هذا من البداية؟ لا أعرف لماذا أصبت بالارتباك وشعرت بشعور غريب واقشعر بدني.

كان عمري 12 عاما في آخر مرة كنت فيها في مدرستي، وبدلا من العودة لزيارة المدرسين والسؤال عن أحوالهم، أنا ذاهب لأحدد معهم موعد الهدم. الأمر محرج للغاية، لكن المدرسة قديمة، ومن الجيد نقلها إلى مبنى جديد. كانت قديمة عندما كنت طالبا فيها. فما بالكم الآن بعد أكثر من 25 عاما؟ طوال الطريق، كنت أحاول إقناع نفسي أن هدم مبنى المدرسة كان مبررا وخطوة إيجابية... حتى وصلنا إلى بوابة المدرسة.

نزلت من السيارة عند البوابة الحديدية السوداء للمدرسة. أنا متأكد من أنها نفس البوابة لكن يبدو أنه تم طلاؤها مؤخرا، وأشعر أنها أصبحت أصغر... أو لربما أنني كبرت؟ وسور المدرسة على حاله، لم يتغير، حجر قديم. فتح حارس المدرسة البوابة ودخلت. أتذكر أن المسافة بين البوابة والمبنى الرئيسي كانت طويلة. الآن المسافة أقصر... أم أنا أصبحت أطول؟

مشيت إلى باب المدرسة الرئيسي، يوجد شارع صغير مرصوف بالحجارة ومصفوف بأشجار كثيرة مثل أشجار الزيتون والليمون والتين والتفاح. ذكرتني رائحة الأشجار وصوت العصافير بوقت كنا نزرع أشجار الزيتون في حديقة المدرسة. يا ترى أي شجرة التي زرعتها قبل 25 عاما؟ هل ما زالت حية؟

❖ ❖ ❖

وصلت إلى المبنى، واستقبلني أحد المعلمين. بدا أصغر مني. كل المعلمين تغيروا، لكن المدرسة كانت كما هي. لم يتغير شيء فيها.

سألت المعلم: "مرحبا! هل يمكنني مقابلة مدير المدرسة؟"

رد علي المعلم: "تقصد مديرة المدرسة. بالتأكيد، هي في انتظارك. تفضل."

دخلت مكتب الإدارة لأجد سيدة أنيقة في الخمسينيات من عمرها جالسة خلف مكتب من خشب البلوط، وخلفها لوحة زيتية على الحائط، وتتدلى من السقف ثريا نحاسية حمراء. كان مكتبها لوحة فنية من زمن آخر، بكل تفاصيلها. الكراسي الخشبية والمزهريات والسجاد وحتى النوافذ والأبواب. إنه لأمر رائع أنهم يحافظون على روح المكان طوال هذه السنوات.

"صباح الخير. آسف، لقد تأثرت بجمال مكتبك."

أجابت المديرة: "صباح الخير، هذا لطف منك."

"اسمحي لي أن أعرفك بنفسي. أنا المهندس فارس عمر من وزارة الأشغال العامة."

"تشرفت بلقائك. ماذا تود أن تشرب يا مهندس فارس؟"

"شاي بدون سكر من فضلك."

طرحت المديرة الأمر على الفور وبدون مقدمات. "أنت جئت لتنسق معي موعد الإخلاء للهدم، صحيح؟"

أجبتها بخجل: "لم أرغب في أن تكون زيارتي للمدرسة بعد أكثر من 25 عاما من أجل هذا الأمر."

"هل كنت طالبا في هذه المدرسة؟"

لم أتفاجأ أنها لم تتعرف علي. عرفتها بنفسي: "كنت أحد تلامذتك يا آنسة وفاء. أنا فارس عمر. لطالما كنت تناديني بأبي الفوارس."

"فارس عمر! غير معقول كيف كبرت وتغيرت! لم أعرفك."

نهضت الآنسة وفاء من كرسيها وعانقتني. شعرت بحنانها كما لو أنني عدت إلى كوني واحدا من طلابها.

جلست الآنسة وفاء على الكرسي بجواري وقالت: "أخبرني عنك. هل أنت متزوج؟ هل لديك أطفال؟"

"الحمد لله، أنا متزوج وعندي سمر، عمرها 11 سنة."

"حفظهما الله لك. وكيف حال والدك؟"

"أبي بصحة جيدة. لا يزال يعيش في المنزل القديم بجوار المدرسة ويرفض الخروج منه. تقاعد من وزارة السياحة والآثار، لكنه سعيد ولا يزال يحافظ على صحته وأناقته."

"تولى والدك المسؤولية عنك وعن أسرتك بعد وفاة والدتك. إنه رجل محترم."

"هذا لطف منك. جئت اليوم لكي..."

وقبل أن أنتهي، قاطعتني الآنسة وفاء وقالت لي بابتسامة: "قم، تعال لآخذك في جولة في مدرستك. ألم تشتق لها؟"

خرجنا من المكتب وبدأنا الجولة بحديقة المدرسة. الأرض عشب، وبدا أنه مقطوع مؤخرا. الحديقة كبيرة، فيها أشجار طويلة وقصيرة، أشجار زينة وأشجار مثمرة. من الواضح أنه تم الاعتناء بها جيدا.

وقفت الآنسة وفاء بجانب شجرة زيتون وسألتني: "فارس، أتذكر هذه الشجرة؟ لقد زرعتها أنت وأصدقاؤك."

"بالطبع أتذكر. لكني لا أعتقد أن تكون هذه هي الشتلات التي أحضرناها معنا من رحلة عجلون. كانت شتلة زيتون صغيرة."

"بالضبط. هذه هي الشتلة. عمرها الآن أكثر من ربع قرن، وتنتج الزيتون كل عام. لدينا هنا أكثر من 50 شجرة زيتون. على سبيل المثال، يبلغ عمر تلك الشجرة 100 عام على الأقل."

دق جرس الاستراحة بينما كنا نتحدث، وخرج الطلاب بسرعة من الصفوف إلى الحديقة. كان منظرا رائعا. منهم من كان يأكل تحت الأشجار، ومنهم من كان يلعب على العشب، وكانوا جميعا سعداء، وكأنهم ينتظرون اللحظة التي يرن فيها جرس الاستراحة للخروج إلى الحديقة، وكأنهم يتوقون إليها.

اقترحت الآنسة وفاء أن ندخل المبنى لنواصل جولتنا بما أن الطلاب بالخارج. وبالفعل دخلنا وأخذتني إلى مكتبة المدرسة. كانت المكتبة عبارة عن متحف كتب. الرفوف مصنوعة من خشب الورد، الأرضية من الرخام الهندي الأخضر، والجدران مليئة بإطارات وصور لأدباء وكتاب.

بينما كنت أنظر إلى الصور، أخبرتني الآنسة وفاء: "هذه صورة شاعر الأردن عرار. عرار هو الذي افتتح هذه المكتبة بعد عام من تأسيس المدرسة، عام 1919. كان أحد الأسباب الرئيسية لترميم هذا المبنى وتحويله إلى مدرسة."

"تذكرت. لهذا سموا المدرسة باسمه، مصطفى وهبي التل. كان عرار لقبه، رحمه الله."

"فارس، تعال وانظر. كل هذا الرف عبارة عن كتابات عرار أو كتب عنه. تحتوي المكتبة على آلاف الكتب، وفيها طبعات أولى نادرة."

علقت دون تفكير: "يجب أن تكونوا حريصين أثناء نقل الكتب إلى المبنى الجديد."

نظرت إلي الآنسة وفاء بنظرة عتاب وحزن، وقالت: "بما أنك طرحت الموضوع، تعال لنجلس في المكتب ونتحدث."

شعرت بإحراج شديد. ربما لم يكن هذا هو الوقت المناسب، لكن كان من الضروري طرح الموضوع عاجلا أم آجلا.

كنت أسير خلفها بخطوات بطيئة، أفكر كيف يمكنني تبرير موقفي من هدم المبنى. شعرت وكأنني طالب مذنب متجه إلى مكتب المدير لمعاقبتي وكنت أفكر في مخرج.

طلبت مني بأدب ولطف أن أجلس. "تفضل بالجلوس يا فارس، أعلم أنك جهة تنفيذية، ومن الواضح جدا أنك لم تكن تعلم أن المبنى الذي يعترض الطريق السريع الجديد هو مدرستك الابتدائية."

أجبتها: "صحيح. لقد عرفت ذلك وأنا في طريقي إلى هنا."

تابعت: "وأنا لا أريدك أن تشعر بأي حرج. منذ اللحظة الأولى اعترضنا وقدمنا التماسات إلى وزارة التربية والتعليم، ولكن 'لا حياة لمن تنادي'. أنا لست مهندسة طرق، لكن بالتأكيد هناك حل آخر غير الهدم. لكنك تعلم كيف تدار الأمور هنا. إنهم يتصرفون، ثم يخططون."

حاولت الرد عليها لكنها استمرت في الكلام. وقالت لي بنبرة ثقة ممزوجة بالحزن: "لن نحزم أغراضنا، ولن نغادر من هنا. يريدون هدمها؟ فليفعلوا ذلك ونحن بداخلها!"

وقفت الآنسة وفاء عند نافذة مكتبها المطل على الحديقة، وسألتني: "فارس، حتى لو نقلنا الكتب، كيف سننقل الأشجار؟ كيف سننقل الحجر؟ القيمة المعنوية لهذا المكان تتجاوزالقيمة المادية." وجهت وجهها إلي وقالت ساخرة: "والوزارة لم تخيب الآمال. أعطونا أسبوعا كاملا للإخلاء بعد آخر يوم في المدرسة. يا له من كرم!"

"أنا آسف يا آنسة وفاء، لكن الأمر خارج عن سيطرتي."

اقتربت مني ووضعت يدها على كتفي وقالت لي: لا تتأسف يا أبا الفوارس، أنت تنفذ الأوامر. خذ أوراقك معك، لن أوقع أي شيء، فليحدث ما قدر الله أن يحدث.

شكرتها على الشاي وعلى جولة المدرسة وغادرت. وجدت السكرتير في الخارج مع سائق الوزارة في انتظاري. أعطيته الأوراق وقلت له: ارجعوا إلى الوزارة. رفضت المديرة التوقيع على الأوراق.

ركبت سيارتي أفكر في كلام الآنسة وفاء. وبعد أن كنت قد أقنعت نفسي بأن خطوة هدم المدرسة ونقلها إلى مكان جديد هي الأفضل، رأيت المسألة من منظور مختلف تماما. لا يمكن تعويض هذه المدرسة بنقلها إلى مبنى جديد لأنك ببساطة لن تكون قادرا على نقل روحها.

❖   ❖   ❖

وصلت إلى منزل والدي، المنزل الذي ولدت فيه وترعرعت فيه وعشت فيه حتى تزوجت. الآن بدأت أفهم سبب رفض أبي الانتقال إلى بيت جديد وأكبر. لأنه يحب الروح الموجودة في البيت وفي الحي. إنه يحب الجيران ويحب الجلوس مع أصدقائه في المقهى الموجود بالأسفل لشرب الشاي ولعب الورق ولعبة الطاولة. إنه فعلا على حق. لن أطرح معه موضوع الانتقال مرة أخرى.

بيت والدي في الطابق الثالث ولا يوجد مصعد. صعدت الدرج، ووصلت إلى الباب ألهث، وقبل أن أقرع الجرس، فتح أبي الباب ضاحكا وقال لي: "يا

حسرة على رسوم الصالة الرياضية. علمت أنك وصلت من صوت نفسك. أنا أصعد وأنزل الدرج خمس مرات يوميا على الأقل، وأنا في الستينيات من عمري."

ضحكت وقلت له وأنا ألتقط أنفاسي: "قواك الله، إذا علينا أن نجد لك عروسا."

ضحك بصوت عال وقال: "أأتزوج لأخسر ما تبقى من صحتي؟! لا يا عزيزي، أنا سعيد جدا لكوني حرا." ثم سألني: لماذا تأخرت؟

"أبي، أنا جائع. سأخبرك على الغداء. ماذا طبخت اليوم؟"

" طبخت المنسف الذي تحبه."

أعددنا المائدة وجلسنا لتناول الطعام. أبي يطبخ أفضل منسف. يحضر الزبادي من الكرك، ولحم الضأن من إربد، وهو دائما فخور بالمنسف الذي يطبخه. وبصراحة إنه محق، لأنه لذيذ. أتمنى لو تتعلم زوجتي حنان طبخ المنسف منه، لكن لا يمكنني إخبارها، ستأخذ الأمر على محمل شخصي.

أكلنا وأخبرته بالقصة من بدايتها إلى نهايتها.

"هذا الذي أخرني. الأمر يشغل تفكيري."

أجابني بهدوء وهو يحرك الشاي بالملعقة، وبابتسامة ثقة: "ماذا لو وجدت لك حلا؟"

"أبي، ليس وقت المزاح يا عزيزي. لا يوجد حل سوى مرور الطريق من هذه النقطة. الجسر لن يؤدي الغرض، والنفق لن تدفع الدولة تكلفته لإنقاذ مدرسة يمكننا ببساطة نقلها إلى مبنى جديد. الحل الوحيد هو أن نطلب مهلة أطول ونقنع الآنسة وفاء بنقل محتويات المدرسة.

أحضر لي والدي كوبا من الشاي، وجلس بجواري، وقال لي ببساطة: "من الممكن ألا يتم هدم المبنى، لكنه لن يكون مدرسة أيضا."

أجبته: "هذه ليست مزحة. إنها لغز!"

"سأخبرك قصة مدرسة عرار بينما تشرب أفضل فنجان شاي بالمريمية من يدي أبي فارس."

واصل كلامه: "أنشئت المدرسة عام 1918. كانت الأرض والمبنى موجودين بالفعل. كان قصرا لكمال باشا العثماني، وعندما خرج العثمانيون من الأردن طلب كمال باشا من الشاعر عرار تحويل القصر إلى مدرسة كعمل خير، وطلب تسميتها على اسم عرار. أسس عرار المدرسة ومكتبتها، ومنذ عام 1921 أصبحت تحت إشراف وزارة التربية والتعليم.

"لا أفهم قصدك. وزارة التربية والتعليم وافقت على قرار الهدم."

"اصبر علي يا فارس. لقد ورث كمال باشا القصر عن جده. هذا العقار بني في خمسينيات القرن الثامن عشر على أبعد تقدير، يعني أن عمره أكثر من قرنين ونصف. هل بدأت أن تفهم قصدي؟"

"هل تقصد أن المبنى أثري؟"

ضرب والدي الطاولة وقال بصوت عال: "أخيرا وصلت المعلومة! يجب أن يكون هذا المبنى تحت إشراف وزارة السياحة والآثار وليس وزارة التربية والتعليم. وينص القانون على عدم المساس بأي مبنى يزيد عمره عن 100 سنة دون الرجوع لوزارة السياحة والآثار."

سألته: "ما هي الخطوة التي يجب أن نتخذها الآن؟"

"لكن علينا الانتباه إلى أنه إذا نقلت وصاية المبنى والإشراف عليه إلى وزارة السياحة والآثار، فلن تظل مدرسة. ستصبح معلما أثريا."

"بهذا لن نفعل شيئا. سينقلون المدرسة إلى المبنى الجديد."

"لكن على الأقل سنكون قد أنقذنا المبنى والحديقة من الهدم. وكما قلت أنت، المهم هو روح المكان."

"معك حق. وكم يوما قد تستغرق الإجراءات؟ الوقت ليس في صالحنا."

"على حسب الأوراق المتوفرة، ربما أياما أو حتى أسابيع."

"فهمت، علي أن أذهب غدا باكرا للتحدث إلى الآنسة وفاء. هلا تأتي معي يا أبي؟"

"تعال واصطحبني في الصباح."

"شكرا على المنسف وعلى الفكرة الرائعة."

"عفوا حبيبي. أراك غدا. إلى اللقاء!"

◇ ◇ ◇

طوال طريقي إلى المنزل وأنا أفكر في المكتبة والحديقة وكلام الآنسة وفاء وأبي. هل من الممكن أن يكون هناك أمل؟ لكني أعرف إجراءات الحكومة وبيروقراطيتها. وأنا سأسافر في إجازة مع عائلتي الأسبوع المقبل، هل سيكون لدي وقت؟ وكيف سيكون موقف الآنسة وفاء؟ ولماذا أخذت هذا الأمر على محمل شخصي؟ هل هو حنيني لمدرستي؟ أم احترامي لمعلمتي؟ أم شعور بالذنب لأنني جزء من المشكلة؟ أسئلة كثيرة. المهم هو أن أفعل ما يمليه ضميري علي.

وصلت المنزل. كانت حنان قد أعدت العشاء، كانت سمر نائمة. جلست على المائدة مع حنان وأخبرتها بكل ما حدث لي وما أنوي فعله. كنت أرغب في رؤية رد فعلها، خاصة في حال إذا استغرقت الإجراءات وقتا طويلا، فقد نؤجل العطلة أو حتى نلغيها.

فاجأني رد فعل حنان. أمسكت بيدي وقالت لي: "فارس، هذا الصباح كنا نعلم ابنتنا سمر أهمية المعلمين ومكانتهم، فيجب أن نكون قدوة لها، وهذه فرصة لتحفظ جميل معلمتك ومدرستك. حتى لو لم تنجح، يكفيك شرف المحاولة. أنا فخورة بك يا حبيبي."

أراحني كلام حنان. شعرت بإحساس لم أشعره منذ أيام المدرسة، أردت الذهاب للنوم مبكرا حتى يمر الوقت سريعا وأستيقظ للذهاب إلى المدرسة. دخلت غرفة سمر وغطيتها وقبلتها. عانقت حنان وذهبت إلى النوم سعيدا.

◇ ◇ ◇

استيقظت في الصباح قبل أن يدق المنبه. استحممت وارتديت ملابسي وحضرت الفطور، وأيقظت سمر وحنان وتناولنا الإفطار، وبعد أن أوصلت سمر إلى المدرسة، ذهبت لاصطحاب والدي من المنزل وذهبت إلى المدرسة.

وصلنا إلى المدرسة ودخلنا من البوابة لمقابلة المديرة. كان الطلاب قد دخلوا الصفوف، وكانت الآنسة وفاء واقفة مع اثنين من المعلمين تتحدث معهما.

رأتنا وقالت: "صباح الخير فارس، كيف حالك؟"

أجبت: "صباح الخير الحمد لله، أنا بخير. أعتذر لأني جئت دون موعد، لكننا نحتاج لنصف ساعة من وقتك."

قالت لي بابتسامة: "إنها مدرستك. يمكنك الحضور في أي وقت."

لقد عرفتها على والدي. "آنسة وفاء، هذا والدي السيد عمر. أبي، هذه الآنسة وفاء معلمتي."

أجابت بحرارة: أهلا وسهلا يا أبا فارس، تشرفنا.

أجاب والدي: "شرف لي يا آنسة وفاء. أنا لا أنسى حنانك على ابني عندما توفيت والدته، ويسعدني أن الفرصة أتت لأشكرك."

"عفوا. فارس بشكل خاص وكل الطلاب بشكل عام هم أولادي. تفضلا لنتحدث في المكتب. سألتنا: "ماذا تريدان أن تشربا؟".

أجاب والدي: "قهوة سادة، من فضلك."

"آنسة وفاء، حتى لا نأخذ الكثير من وقتك، بالأمس شرحت الوضع لوالدي لأزيح الأمر عن صدري، لكن بحكم السنوات الطويلة في عمله في وزارة السياحة والآثار، كان لديه حل. تفضل يا أبي. اشرح لها، من فضلك."

بدأ أبي يخبر الآنسة وفاء بالتفصيل عن طريقة إنقاذ المبنى، وشرح لها بوضوح أنه إذا نجحت هذه الخطوة، من الممكن أن تنقذ العقار من الهدم، لكن نقل المدرسة إلى المبنى الجديد أمر لا مفر منه.

بعد أن انتهى والدي وأجاب على جميع أسئلة الآنسة وفاء، قالت الآنسة وفاء: "المهم بالنسبة لي أن يظل المبنى والحديقة كما هما."

فجأة وبجرأة، قال والدي: "آنسة وفاء، هل يمكن أن آخذ رقم هاتفك المحمول؟ لأنه خلال الأيام المقبلة، يجب أن ننسق جهودنا معا."

كتبت رقمها على ورقة وردت: "بالتأكيد يا سيد عمر. تفضل. هذا رقمي الخاص، يمكنك الاتصال في أي وقت."

❖ ❖ ❖

بعد أن أخذنا المستندات والأوراق اللازمة من الآنسة وفاء، ذهبنا لتقديمها ومتابعة الإجراءات. وبالفعل قدمناها وطلب منا الانتظار حتى اتخاذ القرار.

مر اليوم الأول والثاني ولم يكن هناك أخبار. في اليوم الثالث، بينما كنت في العمل، أحضر لي السكرتير مظروفا. فتحته وقرأته.

قفزت من الكرسي فرحا واتصلت بوالدي على الفور: "مرحبا؟ أبي؟ لقد تلقينا رسالة بوقف أعمال الهدم على الفور لحين صدور قرار مجلس الوزراء."

"هل أخبرت الآنسة وفاء؟"

"لا، أنت معك رقم هاتفها، وليس أنا، يا روميو!"

"هههههه حسنا سأتصل بجولييت... أقصد وفاء وأخبرها."

أنهيت المكالمة مع والدي وأنا أضحك على روح دعابته ومراهقته.

❖ ❖ ❖

في هذا الصيف، لم يتم هدم المدرسة. أعطت وزارة الآثار مهلة خمس سنوات لنقلها.

أنشأنا نفقا تحته وواصلنا مشروع الطريق السريع. وخطب أبي الآنسة وفاء، أقصد أمي وفاء.

أما سمر، فهي تبني القصور والقلاع الرملية. حنان تأخذ حمام شمس وتقرأ كتابا. وأنا جالس بجانبهما تحت المظلة أكتب آخر كلمة من القصة:

النهاية.

COMPREHENSION QUESTIONS

1. ما وَظيفَةُ فارِسٍ؟
2. كَمْ عُمْرُ ابْنَتِهِ سَمَرَ وَما مادَّةُ امْتِحانِها؟
3. لِماذا رَفَضَتِ الآنِسَةُ وَفاءُ في البِدايَةِ التَّوْقيعَ عَلى أَوْراقِ الهَدْمِ؟
4. ماذا كانَ المَبْنى قَبْلَ أَنْ يَصيرَ مَدْرَسَةً؟
5. مَنْ أَسَّسَ المَدْرَسَةَ وَمَكْتَبَتَها؟
6. كَيْفَ شَعَرَ فارِسٌ عِنْدَما رَأى بَوّابَةَ مَدْرَسَتِهِ القَديمَةِ؟
7. ما الحَقيقَةُ التّاريخِيَّةُ الَّتي كَشَفَها والِدُ فارِسٍ عَنِ المَبْنى؟
8. ما الحَلُّ الَّذي وَجَدوهُ لِإِنْقاذِ المَبْنى؟
9. كَيْفَ كانَ رَدُّ فِعْلِ حَنانَ عَلى رَغْبَةِ فارِسٍ في إِنْقاذِ المَدْرَسَةِ؟
10. ما كانَ روتينُ فارِسٍ الصَّباحِيُّ في بِدايَةِ القِصَّةِ؟
11. كَيْفَ أَثَّرَتِ الآنِسَةُ وَفاءُ في حَياةِ فارِسٍ عِنْدَما كانَ طالِبًا؟
12. ماذا حَدَثَ لِوالِدَةِ فارِسٍ عِنْدَما كانَ صَغيرًا؟
13. ماذا لاحَظَ فارِسٌ في حَديقَةِ المَدْرَسَةِ؟
14. ما الَّذي كانَ مُمَيَّزًا في مَكْتَبِ الآنِسَةِ وَفاءَ؟
15. كَمْ عامًا أَعْطَتْ وِزارَةُ الآثارِ كَمُهْلَةٍ لِنَقْلِ المَدْرَسَةِ؟
16. كَيْفَ يُحِبُّ فارِسٌ قَهْوَتَهُ؟
17. ما كانَتْ وَظيفَةُ والِدِ فارِسٍ قَبْلَ التَّقاعُدِ؟
18. ما التَّطَوُّرُ العاطِفِيُّ المُفاجِئُ الَّذي حَدَثَ في نِهايَةِ القِصَّةِ؟
19. أَيْنَ حَدَثَ المَشْهَدُ الأَخيرُ مِنَ القِصَّةِ؟
20. ما الحَلُّ الوَسَطُ الَّذي تَوَصَّلوا إِلَيْهِ بِخُصوصِ مَشْروعِ الطَّريقِ السَّريعِ؟

1. What is Faris's occupation?
2. How old is his daughter Samar and what subject does she have a test in?
3. Why did Miss Wafaa initially refuse to sign the demolition papers?
4. What was the original purpose of the school building before it became a school?
5. Who founded the school and its library?
6. How did Faris feel when he first saw his old school gate?
7. What history-related discovery did Faris's father reveal about the building?
8. What solution was found to save the building?
9. How did Faris's wife Hanan react to his desire to help save the school?
10. What was Faris's morning routine described at the beginning of the story?
11. How did Miss Wafaa affect Faris's life when he was a student?
12. What happened to Faris's mother when he was young?
13. What details did Faris notice about the school garden?
14. What was special about Miss Wafaa's office?
15. How many years did the Ministry of Antiquities give for moving the school?
16. What type of coffee does Faris prefer?
17. What was Faris's father's occupation before retirement?
18. What unexpected romantic development occurred at the end of the story?
19. Where is the story's final scene set?
20. What compromise was reached regarding the highway project?

Answers to the Comprehension Questions

1. مُهَنْدِسُ طُرُقٍ في وِزارَةِ الأَشْغالِ العامَّةِ.
2. عُمْرُها 11 سَنَةً وَلَدَيْها امْتِحانُ لُغَةٍ عَرَبِيَّةٍ.
3. لِأَنّها أَرادَتِ الحِفاظَ عَلى المَبْنى التّاريخِيِّ وَالحَديقَةِ.
4. كانَ قَصْرًا عُثْمانِيًّا يَعودُ لِكَمالِ باشا.
5. أَسَّسَهُما الشّاعِرُ عَرارٌ (مُصْطَفى وَهْبي التَّلِّ).
6. شَعَرَ بِأَنَّها أَصْبَحَتْ أَصْغَرَ مِمّا يَتَذَكَّرُ وَلاحَظَ أَنَّها طُلِيَتْ حَديثًا.
7. أَنَّ عُمْرَ المَبْنى يَزيدُ عَنْ 250 سَنَةً وَيُعْتَبَرُ مَوْقِعًا تاريخِيًّا.
8. تَسْجيلُهُ كَمَبْنًى تاريخِيٍّ تَحْتَ إِشْرافِ وِزارَةِ السِّياحَةِ وَالآثارِ.
9. كانَتْ داعِمَةً وَفَخورَةً بِهِ لِمُحاوَلَتِهِ الحِفاظَ عَلى مَدْرَسَتِهِ القَديمَةِ.
10. اِسْتَيْقَظَ باكِرًا، وَاسْتَحَمَّ، وَحَضَّرَ الفَطورَ، وَأَوْصَلَ سَمَرَ إِلى المَدْرَسَةِ.
11. اِهْتَمَّتْ بِهِ كَثيرًا بَعْدَ وَفاةِ والِدَتِهِ.
12. تُوُفِّيَتْ وَهُوَ طالِبٌ في المَدْرَسَةِ.
13. لاحَظَ أَشْجارَ الزَّيْتونِ وَاللَّيْمونِ وَالتّينِ وَالتُّفّاحِ، وَتَذَكَّرَ زِراعَةَ الأَشْجارِ هُناكَ.
14. فيهِ مَكْتَبٌ مِنْ خَشَبِ البَلُّوطِ، وَلَوْحاتٌ زَيْتِيَّةٌ، وَثُرَيّا نُحاسِيَّةٌ، وَيُحافِظُ عَلى طابَعِهِ التّاريخِيِّ.
15. خَمْسَ سَنَواتٍ.
16. يُحِبُّها بِدونِ سُكَّرٍ وَهالٍ.
17. كانَ يَعْمَلُ في وِزارَةِ السِّياحَةِ وَالآثارِ.
18. خَطَبَ والِدُ فارِسٍ الآنِسَةَ وَفاءَ.
19. عَلى الشّاطِئِ في إِجازَةِ العائِلَةِ.
20. حَفَروا نَفَقًا تَحْتَ المَدْرَسَةِ بَدَلًا مِنْ هَدْمِها.

1. He is a road engineer at the Ministry of Public Works.
2. She is 11 years old and has an Arabic language test.
3. She wanted to preserve the school's historical building and garden.
4. It was an Ottoman palace belonging to Kamal Pasha.
5. The poet Arar (Mustafa Wahbi Al-Tal) founded both.
6. He felt it looked smaller than he remembered and noticed it had been recently painted.
7. The building was over 250 years old and qualified as a historical site.
8. Registering it as a historical building under the Ministry of Tourism and Antiquities.
9. She was supportive and proud of him for trying to preserve his old school.
10. He woke up early, showered, prepared breakfast, and took Samar to school.
11. She showed him special care and support after his mother passed away.
12. She passed away during his school years.
13. He noticed olive, lemon, fig and apple trees, and remembered planting trees there.
14. It had an oak desk, oil paintings, copper chandelier, and preserved historical character.
15. Five years.
16. He likes coffee without sugar or cardamom.
17. He worked at the Ministry of Tourism and Antiquities.
18. Faris's father and Miss Wafaa became engaged.
19. At the beach during their family vacation.
20. They dug a tunnel under the school instead of demolishing it.

SUMMARY

Read the scrambled summary of the story below. Write the correct number (1–10) in the blank next to each event to show the proper sequence.

___ وَجَدَ المُهَنْدِسونَ حَلًّا بِحَفْرِ نَفَقٍ تَحْتَ المَدْرَسَةِ لِلطَّريقِ السَّريعِ.

___ حَنانُ، زَوْجَةُ فارِسٍ، دَعَمَتْ جُهودَهُ في الحِفاظِ عَلى المَدْرَسَةِ، حَتّى لَوْ تَطَلَّبَ ذَلِكَ تَأْجيلَ إِجازَتِهِمْ.

___ أَوْقَفَتِ الوِزارَةُ الهَدْمَ وَمَنَحَتْ مُهْلَةَ خَمْسِ سَنَواتٍ لِنَقْلِ المَدْرَسَةِ.

___ فارِسُ عُمَرَ، مُهَنْدِسُ طُرُقٍ عُمْرُهُ 38 عامًا، مَطْلوبٌ مِنْهُ تَنْسيقُ هَدْمِ مَدْرَسَةٍ لِمَشْروعِ طَريقٍ سَريعٍ.

___ مُديرَةُ المَدْرَسَةِ، الآنِسَةُ وَفاءُ، الَّتي كانَتْ مُعَلِّمَتَهُ، رَفَضَتِ التَّوْقيعَ عَلى أَوْراقِ الهَدْمِ.

___ وَضَعوا خُطَّةً لِإِنْقاذِ المَبْنى عَنْ طَريقِ تَسْجيلِهِ كَمَوْقِعٍ تاريخِيٍّ تَحْتَ إِشْرافِ وِزارَةِ السِّياحَةِ وَالآثارِ.

___ نَشَأَتْ قِصَّةُ حُبٍّ غَيْرُ مُتَوَقَّعَةٍ بَيْنَ والِدِ فارِسٍ وَالآنِسَةِ وَفاءَ، بَيْنَما كانَتِ العائِلَةُ تَقْضي إِجازَتَها عَلى الشّاطِئِ.

___ خِلالَ زِيارَتِهِ، اِسْتَرْجَعَ ذِكْرَياتِ أَيّامِ المَدْرَسَةِ وَدَعْمِ الآنِسَةِ وَفاءَ بَعْدَ وَفاةِ والِدَتِهِ.

___ والِدُ فارِسٍ، مُوَظَّفُ الآثارِ المُتَقاعِدُ، كَشَفَ أَنَّ المَبْنى في الأَصْلِ قَصْرٌ عُثْمانِيٌّ عُمْرُهُ 250 عامًا.

___ عِنْدَ زِيارَتِهِ لِلْمَوْقِعِ، اِكْتَشَفَ أَنَّها مَدْرَسَتُهُ الاِبْتِدائِيَّةُ الَّتي دَرَسَ فيها في طُفولَتِهِ.

KEY TO THE SUMMARY

9   Engineers devise a solution to build a tunnel under the school for the highway project.

7   Faris's wife Hanan supports his efforts to preserve the school, even if it means delaying their vacation.

8   The Ministry halts the demolition and later grants a five-year period to relocate the school.

1   Faris Omar, a 38-year-old road engineer, must coordinate the demolition of a school building for a highway project.

3   The school principal, Miss Wafaa, who was his former teacher, refuses to sign the demolition papers.

6   They devise a plan to save the building by registering it as a historical site under the Ministry of Tourism and Antiquities.

10   An unexpected romance blossoms between Faris's father and Miss Wafaa, while the family enjoys their beach vacation.

4   During his visit, Faris reconnects with memories of his school days and Miss Wafaa's support after his mother's death.

5   Faris's father, a retired antiquities official, reveals the building is actually a 250-year-old Ottoman palace.

2   Upon visiting the site, he discovers it's his old elementary school where he studied as a child.

MODERN STANDARD ARABIC READERS SERIES

www.lingualism.com/msar

www.ingramcontent.com/pod-product-compliance
Lightning Source LLC
Chambersburg PA
CBHW072047040426
42447CB00012BB/3061
* 9 7 8 1 9 4 9 6 5 0 7 7 8 *